学びのエクササイズ

子どもの発達とことば

伊藤崇 著

はじめに

　もし、私たちの身の回りから「ことば」がなくなっていったら、どうなるでしょうか。

　筒井康隆の小説『残像に口紅を』(中央公論新社)は、この世から日本語で用いられる音が1つずつ失われていくという物語です。例えば「あ」という音が消えたら、小説の文章からそれを含むことばが消えていきます。ですから、「あひる」「あなた」「ありがとう」と言えなくなってしまうのです。残された音だけで、どんな小説ができあがるのでしょう？　最後まで残る音は何でしょう？　小説のオチは、ぜひご自身の目で確かめてみてください。

　この作品を読むたびに、私たちはなんと豊かなことばに満ちあふれた世界に生きているのだろうか、と思います。と同時に、わずかな音でさえも欠けてしまえば、とたんに語られることばはぎこちなくなり、言いたいことが言えないというもどかしさに苦しむようになるのだと気づきます。私たちは、ことばに頼りすぎているのです。

　ことばに頼ることなく、周りの人とコミュニケーションできる人間はいるでしょうか？　私たち自身が、かつてはそうでした。そう、赤ちゃんです。

　ことばに頼らなかった赤ちゃんが、ことばに頼って他者とコミュニケーションをしたり、ものごとを考えたりするようになるという出来事が、いわゆる「ことばの発達」です。本書は、ことばの発達という出来事をめぐるいくつかの研究上のトピックを紹介するために書かれました。

　子どもの発達に関する従来の教科書の説明にならえば、ことばの発達は一般的に次のような道筋をたどるものとして描かれます。赤ちゃんの多くは、生後1年から2年の間に単語を覚え、周りの人々と音声を使ったコミュニ

ケーションを行うようになります。3歳頃までには、複数の単語を組み合わせた会話ができるようになります。5歳頃になると、大人とのスムーズな日常会話ができるようになるとともに、ひとまとまりのお話をしたり、絵本などを通して書きことばの世界に親しんだりするようになります。この道筋は、『残像に口紅を』をちょうど逆回しにしたように、次第にことばが増えていく過程として描けるでしょう。

　従来の教科書が前提としていたのは、個々の子どもの内面で起こる変化がことばの発達の本質だとする考え方でした。また、ある子どものことばの発達の程度を示す目安としては、その子が理解し、実際に使うことのできる、語彙の量や文法に照らした正確さ、場面にふさわしい単語の選び方といった言語学的な能力に焦点が当てられてきました。まとめると、従来の教科書が念頭に置いていた「ことばの発達」とは、「個人の言語能力の変化」であったと言えます。確かに、5年間という短い期間で起こる急激な変化の背後には、子ども自身の内面的な変化、特に、認知的能力の発達があることは間違いありません。

　従来の教科書のこうした考え方に対して、本書では「社会」という観点を加えてみたいと思います。ここで言う「社会」には、狭い意味と広い意味が含まれています。狭い意味での社会とは、人と人との結びつきを指します。広い意味での社会とは、個々の結びつきの前提となる、より大きな規模での人々のネットワークを指します。

　前者の意味での社会という観点を加える理由について考えてみましょう。そもそも、なぜ子どもはことばを使うのでしょうか。なぜ大人は、子どもがことばを使えるようになることへの期待を抱くのでしょうか。それは、私たち人間という生き物が、集団を作ることに強く動機づけられているためだと思われます。人間にとって、他者との社会的な関係を結ぶ有力な道具が、ことばなのです。

　結婚したカップルがそれぞれ別の言語を話す家庭に育つ子どもを想像してください。その子が最初に覚えるのは、どちらの親の言語でしょうか。ま

た、親は、子どもへの話しかけ方をカップルの間でどのように調整するのでしょうか（例えば、夫婦間で用いる言語と、子どもに用いる言語が異なる場合もあるでしょう）。このように、ことばの具体的な発達過程を説明するには、認知的能力の変化だけでなく、親子間の関係や、カップルの関係を考慮する必要があります。つまり、家庭内での対人関係のありようが、子どものことばの発達に影響すると考えられるのです。

より大きな規模の社会という観点を加える理由は、上で述べた例についてさらに考えると明らかになります。そもそも、国際結婚が禁止されているような社会があったとしたら、例に挙げた家庭は存在しないでしょう。ここには、人々のネットワークに秩序を与える、文化的な価値規範や慣習、法などの制度やテクノロジーがかかわってきます。こうした広い意味での社会的文脈が、異なる言語を話すカップルの間の子どものことばの具体的な発達を方向づけることは想像に難くないでしょう。

狭い意味での社会も、広い意味での社会も、決して、安定した固定的なものではありません。1人1人の具体的な行動を通して、個人間の結びつきが生まれたり、それが切れたりするのですし、1人1人の小さな行動がより大きな社会の動きを引き起こすのです。そうすると、従来のことばの発達研究が想定していた個人の変化は、その個人を含む、より大きな社会的な変化の一部として考えることができるでしょう。個人の変化が社会の変化を生み、また、社会の変化は回り回って個人の変化の背景となる。これが、個人と社会の関係についての本書の立場です。ちなみに、こうした発想は私個人のものではありません。生涯にわたる発達の中での言語発達（de Bot & Schrauf, 2009）、あるいは、個人と社会の弁証法的関係としての発達（Newman & Holzman, 1993）といった考え方を背景としています。

本書で考えることばの発達は、個人と社会についてのこうした考え方に基づいています。つまり、ことばの発達とは、「個人の言語能力の変化」であると同時に、「個人を取り巻く、言語が流通する社会ネットワークの変化」でもある、というのが本書の考え方です。本書を構成する14の章に通底す

るのは、個人と社会がそれぞれどのように変化し、そして、お互いの変化の過程でそれらがどのように絡まりあうのか、という問いなのです。

こうした問いに答えるには、単一の学問領域にとどまっていては難しいでしょう。少なくとも、個人の変化を扱う学問と、社会の変化を扱う学問の、両方が必要となるからです。実際に、本書が紹介するトピックは、言語学はもちろんのこと、心理学、人類学、教育学、社会学といった、複数の学問領域で取り上げられてきたものです。本書で言うことばの発達を研究するためには、学際的な協働が必要だと考えられます。

本書は14の章で構成されています。それぞれの章で扱われるトピックについて、簡単に述べておきたいと思います。

第1章では、ことばの発達に対する本書の基本的な考え方と、それを支えるいくつかの概念について述べられています。いわば「理論編」で、本書の中でもっとも抽象的かもしれません。先に2章以降を読んだ後で、あらためて第1章に戻るという読み方もよいでしょう。

続く第2章以降は、成長とともに子どもが出会う社会的場面や言語的な課題の順序に沿って並べられています。成長の段階と厳密に対応しているわけではありませんが、おおよその目安としては、2章と3章は乳児期から幼児期、4章から8章は主として幼児期、9章から14章は幼児期から児童期以降を扱っています。従来の教科書の多くは、乳幼児期のことばの発達を取り上げてきました。本書でも半分の章はそうなのですが、残り半数の章が児童期以降の発達を扱っているのが特色です。

養育者と子どもとが生活する空間、すなわち家庭は、子どものことばを育てる「ゆりかご」と称されます。その「ゆりかご」を作るのは、第一に養育者たちです。かれらが育児場面で使用することばは、子どもが言語的世界へ参入する際の大きな手がかりを提供します。第2章では、主として家庭内会話を取り上げて、大人たちが子どもをいかにして言語的な世界に誘っているのかを紹介します。第3章では逆に、子ども自身が家庭内会話にどのように参加しているのか、その具体的なふるまいについて紹介します。

第4章からは、ことばを通して起こる社会化について、いくつかのトピックを取り上げます。子どもが社会における慣習や価値、信念などを習得する過程を「社会化」と呼びます。例えば、人とあいさつをする際の慣習を身につけることは社会化の重要な一部です。そこには「こんにちは」などの語彙とその使い方が含まれます。さらに、社会の成り立ちを反映したことば（例えば、親族の呼び方や職業名など）や、文化的な価値を表すことばなど、それらの習得を通してはじめて社会や文化の構造が分かる、という場合もあるでしょう。

　第4章では、養育者と子どもの日常的な会話の中で起こる、ことばの自然な「教育」の仕方について紹介します。第5章では、子どもの情動や態度を、周囲の大人がその社会や文化にふさわしい価値規範に見合ったものになるよう、いわばトレーニングする言語的な実践を取り上げます。第6章では、ことばのさまざまな「スタイル」とその使い分けに注目します。第7章では、子ども自身、あるいは子どもをめぐって展開される「語り」について取り上げます。

　児童期以降のことばの発達で重要なのは、書きことばの習得と、生活する場の変化に合わせた新しいことばの習得です。第8章以降は、幼稚園や学校などへと、生活する場を広げていく過程で起こる出来事をトピックとして取り上げてみたいと思います。

　家庭の中で庇護されていた幼児期が終わると、子どもは生活の場を次々と広げていき、新しい社会的ネットワークとつながったり、あるいは自分でネットワークを作っていったりします。第8章では、幼稚園や地域の仲間集団という子どもたちによる社会を成り立たせる言語的な実践への参加という出来事を取り上げます。第9章では、自称詞という言語的対象を取り上げて、ジェンダーという観点から仲間集団への参加の具体的なやり方について考えてみます。

　幼児期から児童期にかけて子どもが取り組まなければならない言語的課題が、書きことばの習得です。岡本(1985)が言うように、それは話しことば

の単なる延長ではなく、もう1つの新しいことばの体系として学びなおすような苦しみの過程かもしれません。第10章では、幼児期の遊びや児童期の書きことばの習得を通して、子どもが自分の用いることばに自覚的になっていく過程を取り上げます。

書きことばを学ぶ学校とは、独特なコミュニケーションの仕方を求められる1つの社会でもあります。そこに参加するためには、単に勉強をしていればよいのではなく、周囲の他者との複雑な相互作用に対処する必要があります。学校での子どもたちのふるまいを分析する視角について、第11章と第12章で述べていきます。

最後に、第13章と第14章では、複数の言語に出会う子どもたちの社会化過程について取り上げます。世界的に見れば、一生のうちにたった1つの言語しか話さない人の方が少ないかもしれません。赤ちゃんが生まれ育つ環境の中に複数の言語が飛びかっていることも珍しいことではないでしょう。そうした環境で子どもがいかにしてことばを習得するのかを検討することは現代の重要な課題です。

本書では、上記のさまざまなトピックを説明する際に、具体的な会話の事例をなるべくたくさん挙げるようにしています。それらはいずれも先行研究から引用されたものです。会話の実例を収集し、書き起こして分析する作業は苦労の多いものです。本書は、多くの人々のそうした努力に基づいたものだと強調したいと思います。引用に際し、読みやすさや分かりやすさを優先させて、一部、原著から改変した部分もあります。慎重を期してはいますが、誤解を招くようなことがありましたら、当然ながら、その責はひとえに筆者にあります。

ことばは、話す人やそれを理解する人がいなければ、うたかたのようにたちまち消えてなくなってしまうものなのでしょう。『残像に口紅を』は、ことばを成り立たせる音が失われていく小説でした。私が考えることばの発達とは、子どもがただ新しいことばを覚えていくという単純な過程ではありません。放っておいたら失われてしまうようなものが、子どもを含む人々に

よって常に再生産され続ける過程、そして、その中から何かしら新しいことばが創造されていく過程なのです。本書を通して、そうしたダイナミズムを研究するおもしろさを感じていただければ幸いです。

文献

de Bot, K., & Schrauf, R. W. (2009). *Language development over the life span*. New York: Routledge.

Newman, F., & Holzman, L. (1993). *Lev Vygotsky: Revolutionary scientist*. London: Routledge.

岡本夏木(1985). ことばと発達　岩波書店

目次

はじめに　　　　　　　　　　　　　　　　　　　　　　　　　iii

1章　ことばの発達を考える〜ことばの社会化とは何か　　　　1
　　1　ことばの3つの機能　　　　　　　　　　　　　　　　1
　　2　ことばの社会化論　　　　　　　　　　　　　　　　　3
　　3　何が「かわいい」のか？　　　　　　　　　　　　　　5

2章　赤ちゃんに話しかける
　　　〜文化間の多様性、文化の中の多様性　　　　　　　　11
　　1　レジスターとしての幼児語　　　　　　　　　　　　11
　　2　文化によるコミュニケーションへの誘い方の違い　　13
　　3　公園における親同士のコミュニケーション　　　　　15

3章　会話に巻き込む〜会話の秩序とその理解　　　　　　　19
　　1　会話へのいざない　　　　　　　　　　　　　　　　19
　　2　会話の秩序〜会話分析、隣接対、順番交替システム　21

4章　マネは創造のタネ〜うながし、参与枠組み、ルーティン　27
　　1　うながされてことばを知る　　　　　　　　　　　　27
　　2　参与枠組みとルーティン　　　　　　　　　　　　　30

5章　感じ方を交渉する〜感情と道徳のことば　　　　　　　37
　　1　感情と道徳とことば　　　　　　　　　　　　　　　37
　　2　感情の交渉　　　　　　　　　　　　　　　　　　　38
　　3　実践としての道徳　　　　　　　　　　　　　　　　41

6章　「公」と「私」の使い分け〜スタイルシフトと丁寧体　　47
 1　ことばで社会をあらわす〜スタイルと指標性　　47
 2　丁寧体の習得過程とその役割　　50

7章　私はことばでできている〜語りへの子どもの関与　　57
 1　語り手になること　　57
 2　ともに語る子ども　　59
 3　語られる子ども　　61

8章　小さな文化を創り出す〜ピアトークの意義とは　　67
 1　二重の機会を持つ場としてのピアトーク　　67
 2　「いざこざ」をどう見るか？
  〜大きな文化と小さな文化のせめぎあい　　70

9章　女の子が下品なことばを言うのはダメなのか
　　　〜ジェンダー実践と言語イデオロギー　　77
 1　ことばの社会化と言語イデオロギー　　77
 2　ジェンダーと仲間文化　　79
 3　言語イデオロギーを利用する　　82

10章　実践としての書きことば
　　　〜リテラシー・イベントへの参加　　87
 1　書きことばへの誘い〜読み聞かせ　　87
 2　実践とリテラシー〜名前と手紙　　90
 3　話すリテラシー〜二次的ことばによるコミュニケーション　　92

11章　二重の有能さを示す〜学習言語とIRE/F連鎖　　97
 1　家庭から学校へ　　97
 2　ことばへの志向　　99
 3　評価への志向　　102

12章　いくつもの目的を同時にめざす
　　　～教室内のことばの多層性　　　　　　　　　　　　109
　　1　子どもの視点に立ってみると　　　　　　　　　　109
　　2　ことばのジャンル　　　　　　　　　　　　　　　112
　　3　学級集団内の立ち位置の調整　　　　　　　　　　114

13章　2つのことばの真ん中で
　　　～バイリンガルとコードスイッチング　　　　　　119
　　1　2つの言語を同時に学ぶ　　　　　　　　　　　　119
　　2　多言語併用環境でのCDC　　　　　　　　　　　121
　　3　子どものコードスイッチング　　　　　　　　　　124

14章　ことばのあいだに立つ私
　　　～継承語とアイデンティティ　　　　　　　　　　131
　　1　ことばとアイデンティティ　　　　　　　　　　　131
　　2　継承語の発達とアイデンティティ　　　　　　　　132
　　3　交渉され続けるアイデンティティ　　　　　　　　136

索引　　　　　　　　　　　　　　　　　　　　　　　　141

1章　ことばの発達を考える
～ことばの社会化とは何か

1　ことばの3つの機能

　ことばの発達と聞くと、使える単語の数の増大や、統語構造の複雑化といった側面をイメージしがちです。確かに、日本語を話す人として発達することの1つの側面には、どのような文章が日本語として正しいのか、あるいは誤っているのかをただちに理解できるようになることがあります。

　同時に、ことばの発達にはそれが果たすはたらきについて知ることも含まれるでしょう。ことばはそもそも、現実のコミュニケーションで用いられるものです。コミュニケーションには目的があります。ことばは、その目的を実現させる際の手段の1つだと考えられます。そこで重要となるのは、目標や状況にふさわしいことばの選び方や使い方です。したがって、ことばの使い方とそれによって起こるはたらきについて知ることも、ことばの発達の重要な側面です。

　教室の中のコミュニケーションを分析したコートニー・キャズデンによれば、ことばは複数のはたらきを同時に果たします(Cazden, 1988)。そこでは少なくとも3つのはたらきがあると指摘されています。1つ目は、何かを指し示して命題情報を伝えるはたらきです。2つ目は、人と人の間の関係をつないだり調整したりするはたらきです。3つ目は、ことばを使う人の社会的

な立ち位置を表現するはたらきです。

　例として、九州のとある小学校の授業中に起きた教師と児童のやりとりを見てみましょう。例1–1には、上に挙げたことばの3つのはたらきがすべてあらわれています。

例1–1　言いたいことがあるっちゃ

（前略）
1　　いむら：さわだ君とみね君に、なんていうかね、言いたいことがあるっちゃ。
2　　教師　：はい。言いたいことがあります。
3　　いむら：はい。言いたいことがあります。
4　　教師　：はい、いむら君。

　　　　　　　　　　　（Anderson(1995, p.236)の事例をもとに、行番号を追加。
　　　　　　　　　　　　日本語表記はバトラー後藤(2011, p.226)を参照した。）

　1つ目のはたらきは明らかでしょう。1行目のいむら君のことばは、「他の児童に伝えたいことがある」という自分の考えを情報として伝えるものです。また、いむら君のこの発話は、教師や他の児童に向けて発せられたものですから、社会的な関係調整という2つ目のはたらきもあります。特に、名前が挙げられた「さわだ君」と「みね君」との関係調整に強く志向していることが発話の内容から理解できるでしょう。

　3つ目のはたらきは、教師といむら君とのやりとりの中に見て取れます。2行目の教師の発話は、1行目のいむら君の発言の最後の部分（「言いたいことがあるっちゃ」という九州方言）を標準語で言い直したものです。直後にいむら君は、教師のこの発話を繰り返しました。このことから、彼は教師の発話を直前の自分の表現の「修正」として受け入れたものと理解できます。

　この一連のやりとりから分かるのは、授業という状況では当然使われるべき（だと、少なくとも教師が考える）ことば遣いがありそうだ、ということで

す。なぜなら、3行目で標準語を使っていむら君が発言できたときにはじめて、教師が彼の発言を許可したからです(4行目)。つまり、標準語を使うことが、授業という現実的状況に対する適切な立ち位置と強く結びついていたのだと言えます。

　上記の事例から分かるように、1つの発話は同時に複数のはたらきをします。私たちはこのように複雑にはたらくことばを意識的・無意識的に使いこなしています。もちろんそれ以前には、まだことばを話すことのできない子どもが、実際にコミュニケーションに参加しながら、目的や状況に応じてことばを使いこなせるようになる過程があるはずです。その過程を研究する上で有用な枠組みである「ことばの社会化論」(language socialization)について次節で説明します。

2　ことばの社会化論

　社会化(socialization)とは、社会の人々の間に共有された価値観やものごとの考え方・感じ方を習得して、その社会の一員となるプロセスを指します。このプロセスにことばが果たす役割の重要性に注目するのが「ことばの社会化論」という研究の枠組みです。

　この枠組みがもつ特色には少なくとも次の3点があります(Schieffelin & Ochs, 1986)。

　まず前提として、ことばは私たちの生きるこの世界のさまざまなことがらと結びついてはじめて意味をなす、という考え方に立ちます。分かりやすい例は「あれ・これ」などの指示詞や代名詞のように、使われる文脈に応じてその指すものが変わることばでしょう。これらのことばは、世界の中のどの部分に目を向ければよいのか、私たちの注意を導くはたらきをします。ここから言えるのは、私たちはことばを通して世界のさまざまな側面について知るということです。逆に言えば、世界にはことばを通してでないと触れられない側面があるということです。ことばの社会化論では、社会の一人前のメ

ンバーとなった私たちの考え方や感じ方は、ことばを通して触れてきたことがらによって構成されたものだと考えるのです。

　次に、一般的に習得期にあたるとされる子どもはもちろん、多様な社会経験を通して起こる成人の社会化も対象となります。例えば、筆者が日頃から顔を合わせる多くの大学生の場合、高校から大学、そしてさまざまな職場へと、生活の中心を次々と移していきます。その過程で彼／彼女らは、目的についての意識を共有するさまざまな共同体に所属し、それぞれの中で一人前のメンバーとなっていきます。職場に入れば、そこで自分が担うべき仕事の内容を一通りできるようになることが一人前になるということでしょう。その際にも、ことばは重要な役割を果たします。職場ではじめて聞くこととなるさまざまな用語は、そこでの仕事内容と分かちがたく結びついています（寿司屋の符丁のように、特定の職場を強く連想させる用語もあります）。仕事を覚えることは、そこでのことばの使い方を学ぶことでもあると言えます。

　最後に、ことばの社会化論では、話しことばに限らず、書きことばを含めた多様な媒体が社会化過程にもたらす影響についても注目します。書きことばは、直接知ることの難しい世界の事象について知る機会を与えてくれます。ですから、どのような内容の書物と出会うかによって、世界についての理解の仕方に個人の間で多様性が生じてくるでしょう。今ではそもそも新聞を読む人も少なくなったかもしれませんが、かつては購読する新聞の種類がその人の依って立つ政治的イデオロギーを象徴していたとも言われました。日常的なコミュニケーションのインフラとして普及したインターネットは、新しいリテラシーを私たちに要求します。ネットが作り出してきたのは、物理的空間を共有する身近な人々で構成された社会ではなく、それを飛び越えて仮想空間上に成立する社会や文化です。そうした新しい社会への社会化過程も対象となります。

　ここで、一般的な言語獲得（language acquisition）研究とことばの社会化論の枠組みの違いについて、Schieffelin & Ochs（1986）に基づいて簡単にまと

めておきます。

　言語獲得研究は、認知的な発達の過程と、それぞれの段階で獲得される言語能力(linguistic competence)の関係を調べることを目的とします。ここで言語能力と呼ぶのは、おおざっぱに言って語彙と統語的な正確さについての知識です。その前提にあるのは、ことばについての正しい知識をもつ大人が、未熟な子どもの到達度を評価する見方だと考えられます。つまり変化するのはあくまでも子どもです。

　それに対してことばの社会化論では、ことば以外の社会的認知能力を視野に入れつつ、社会化の全体的な過程の中でことばの果たす役割に焦点を当てます。ここで全体的な過程ということばで意味するのは、子どもだけでなく大人も含めた変化の過程です。ことばについての大人の知識は必ずしも固定的なものではありません。逆に、子どもが大人のその知識を変えてしまうかもしれません。ことばの社会化論は、ことばとは流動的に変わり続けるものだという考え方も含んでいるのです。

3　何が「かわいい」のか？

　それではここで、具体的な分析の例を見てみましょう。保育所での「かわいい」ということばの使われ方についての研究(Burdelski & Mitsuhashi, 2010)を紹介します。

　世界に日本の文化を紹介する際のキーワードの1つが「かわいい」でしょう。『枕草子』の時代から、小さいものや頼りないものに対する独特の感性が日本語で語られてきました。現代ではハローキティなどさまざまなキャラクターのイメージとともに用いられます。

　「かわいい」ということばは単にイメージを伝えるだけでなく、具体的な対象と結びつきながら社会に共有された考え方や感じ方を伝えるというはたらきもします。「かわいい」と結びつくことの1つは、性役割についての考え方です。例えば次の例1-2を見てみましょう。2人の女性保育士が、子

もたちの前で母親の化粧の話をしていた場面です。なお、ここに登場するカズは5歳の男児です。

例 1-2　女の子はかわいいから

（前略）
18　保育士2　：女の子はかわいいから。((カズの足を触るふりをする))
19　カズ　　　：((保育士の方を見る))
20　保育士2　：お[とこの子は？((手でジェスチャーをしてカズの方を見る))
21　保育士1　：[ねー。((カズの方を見る))
22　　　　　　　(0.8)
23　カズ　　　：かっこいい。((わずかに首をふりながら))
24　保育士2　：かっこいいんだよねー。((両手で握り拳をつくり、ボクシングのような構えをとる))

(Burdelski & Mitsuhashi(2010, pp.73–75)より。原文は英語とローマ字表記。引用に際して日本語表記に改めた。[　]は発話の重複を、(())は動作を、(　)は沈黙の秒数を示す。)

　この事例では、「かわいい」と「かっこいい」という2つのことばが「女の子」「男の子」という性別に明確に対応づけて語られています。実際に、保育所での日常生活をビデオに撮って観察した記録を見返すと、「かわいい」が使われたのは、女の子の持ち物に対して評価する場面がほとんどだったようです。社会化という観点からすると、保育士が「男の子は？」と、その後に当然続くと想定される発言を促すような言い方をした直後に、カズが「かっこいい」と実際に言った点にも注目すべきでしょう。この事例で分かるのは、女の子らしさや男の子らしさを確認するという社会的な実践に「かわいい」や「かっこいい」が果たす重要なはたらきです。
　次も同じ保育所での観察からの事例ですが、幼い子どもに対して抱く感情と「かわいい」とが結びつけられるというものです。3歳の女の子(ヒナ)が

2歳の男の子(ワタル)に横から抱きつくのを見た女性保育士がそれに対してコメントした場面です。

例1-3　かわいいのー
1　ヒナ　　：((ワタルの体に腕を回して抱きつく))(0.7)
2　保育士3：かわいいー？
3　　　　　　(0.3)
4　保育士3：うん、ひなちゃんと1歳違うもんねー。
5　ワタル　：(　)(0.7)
(中略)
10　ヒナ　　：((ワタルを迎え入れるように両腕を広げる))
11　保育士3：かわいいのー。

(Burdelski & Mitsuhashi(2010, pp.76–77)より。
原文は英語とローマ字表記。引用に際して日本語表記に改めた。
((　))は動作を、(　)は聞き取れない発話や沈黙の秒数を示す。)

　ここで興味深いのは保育士によって2度使われる「かわいい」です。最初のもの(2行目)は、ヒナがワタルに対してもつ感情を問いかけるようになされており、2度目のもの(11行目)はそれを再度確認するように用いられています。ここでの保育士の発言は、年上の子どもが年下の子どもに感じることが期待されている感情を、ヒナの具体的な行動に読み込んでことばにあらわしたものと理解することができるでしょう。ヒナは、もしかするとたまたま抱きついたのかもしれません。しかし彼女にとって、保育士から与えられた「かわいい」ということばは、その場の状況や、自分がそのとき実際に抱いていた感覚などを、全体として意味づけるのに何らかの役割を果たすようになることが考えられます。
　まとめますと、保育所での保育士と子どもの会話の中において、「かわいい」ということばが性役割やある対象に対する特定の感情とともに用いられ

ていました。子どもたちは、大人とのこうした日常的なコミュニケーションとそこでのことばの使われ方を通して、日本語であらわされる世界に対する考え方や感じ方、大きく言えば価値や信念を学び取ります。これが、ことばの社会化論が明らかにしようとする過程です。

　ただし、価値や信念はときとして、本人の実感とずれることもあるでしょう。先の例では、幼い子どもに対して抱かれるべき感情が「かわいい」ということばで表現されていました。ここで、赤ちゃんをもった親について考えてみましょう。新聞やインターネットなどさまざまなメディアでも取り上げられているのでご存知の方も多いでしょうが、我が子を「かわいい」と思えない親は少なくありません。そうした親の声の中には「かわいいと思わなくてはならないかもしれない。しかし、そうは思えない」という悩みも聞かれます。

　是非はおくとして、そうした実感があること自体は否定すべくもありません。問題は「かわいいと思わなくてはならないかもしれない」の部分です。ここで語られるのは、社会的に共有された価値観、すなわち、子どもは「かわいい」ものだから、親ならなおさらそう感じるだろうという期待だと言えるでしょう。さきほどのような悩みは、社会的な期待と自分の実感とのずれからもたらされているように思われます。もしかするとそうした期待がなければ、素直に我が子と対面できていたかもしれませんし、悩みとしてあらわれていなかったかもしれません。

　上記の例で述べてきたように、日本の社会に共有された価値観の1つの側面をあらわすことばである「かわいい」は、子どもの日常的な会話場面で繰り返し使われています。子どもはことばを通して価値観を共有する社会の一員となるべく成長していきます。しかしその子が十分に成長すると、所属する社会との関係について自覚的に選択するといった局面も出てくるでしょう。もしかするとある人は「かわいい」に該当する概念を重視しない社会へ移るのかもしれません。従来の言語獲得研究ではまったく見過ごされてきたような、こうした、ことばをめぐる個人と社会の動的な関係性を扱うのが、

ことばの社会化論の魅力だと言えるでしょう。

文献

Anderson, F. E. (1995). *Classroom discourse and language socialization in a Japanese elementary-school setting: An ethnographic-linguistic study.* Doctoral Dissertation.

Burdelski, M., & Mitsuhashi, K. (2010). "She thinks you're *kawaii*": Socializing affect, gender, and relationships in a Japanese preschool. *Language in Society, 39*, 65–93.

バトラー後藤裕子 (2011). 学習言語とは何か―教科学習に必要な言語能力―　三省堂

Cazden, C. B. (1988). *Classroom discourse: The language of teaching and learning.* Porthmouth, NH: Heinemann.

Schieffelin, B. B., & Ochs, E. (1986). Language socialization. *Annual Review of Anthropology, 15*, 163–191.

2章　赤ちゃんに話しかける
～文化間の多様性、文化の中の多様性

1　レジスターとしての幼児語

おでこと　おでこが／こっつんこ
おはなと　おはなも／こっつんこ／おお　つめたい
ちいさなおはなが／おお　つめたい
つめたいのは　どーこ　…
　　　（松谷みよ子作・いわさきちひろ絵『あかちゃんのうた』(童心社)より)

　絵本の中のこの詩の横に添えられた絵は、顔を近づけて向き合う母親と赤ちゃんを描いています。互いのおでこや鼻の頭をくっつけながらの母親のつぶやきとして、上の詩を読むことができるでしょう。
　赤ちゃんに向けられた大人の発話は、その子が後に習得する言語のさまざまな情報をもたらします。上の詩で描かれた母親のつぶやきも、顔の一部の名称や、それが触れたときの感覚についてのことばなど、赤ちゃんに重要な情報をもたらすものとなるでしょう。
　ことばの社会化論の観点から重要なのは、この詩の一部が大人の使う標準的なことばと異なる形をとっている点です。体がぶつかった音は「こつん」ではなく「こっつんこ」、「つめたいのは、どこ」ではなく「どーこ」といっ

たように、音が追加されたり母音が伸ばされたりしています。

　こうした特徴を持つことばは、幼い子どもへの話しかけに用いられることから、「幼児語」(baby talk)と呼ばれてきました(Ferguson, 1977; Solomon, 2012)。幼児語は、「マザリーズ」(motherese)や「育児語」(村田，1968)と呼ばれることば遣いと基本的には同じものを指します。ただし、そうした呼び方では話し手やことばの使用場面を限定してしまう可能性がありますので、本書では発話の受け手を前面に出した「幼児語」ということばを使います。

　幼児語は、標準的なことば遣いと比べて、単純化された形をしており、はっきりとした音や特有の表現法をもつ、言語的な「レジスター」(register)の1つです(Ferguson, 1977)。

　ここで少し解説をします。レジスターとは、社会的な場面や話し相手に応じて使い分けられる言語のバリエーションの1つ1つを指します(詳しくは、Agha(2003)などを参照)。例えば、学校の中では、授業前に「起立、礼、着席」という一連の号令がかかります。これは、授業という場面にふさわしい慣習的な言い回しです(「学校レジスター」とでも言えるでしょう)。ここから逆に、レジスターを使うことでそれと結びついた「場面らしさ」が表現されます。例えば、学校以外の場面であっても、「起立、礼、着席」と誰かが言えば、私たちは学校のような雰囲気を感じてしまいます。

　さて、幼児語が用いられるのはどうしてでしょうか。しばしば指摘されるのは、幼児語のもつさまざまな特徴がことばの発達に役立つという可能性です。幼児語には、普段よりも高い声を出すことや、同じ音を繰り返すこと(例えば、「手」ではなく「てって」)などの特徴があります。これらは赤ちゃんの注意を音声に向けさせるはたらきをするとも考えられています。また、少数の単語だけを単純に組合せたことば遣い(例えば、「さっき、犬がいたよね」ではなく、「ワンワンいたね」)も特徴の1つですが、これはことばの構造を赤ちゃんに対して分かりやすく示すための工夫だという可能性が指摘されています。

　いかにももっともらしい説明ですが、幼児語が使われなければ赤ちゃんは

ことばを話せるようにならないかというと、そうではありません。世界には赤ちゃんに対して幼児語を使って話しかけない社会もあるからです。次の節では、子どもという存在についての考え方と、そこから導かれる、コミュニケーションの中での子どもの立場についての考え方に関する、文化的な多様性について見ていきましょう。

2　文化によるコミュニケーションへの誘い方の違い

　確かに、幼児語を使うことは、赤ちゃんをことばの世界に誘う1つのやり方かもしれませんが、唯一のものでもありません。人々の暮らし方や子どもの成長に対する考え方に応じて、赤ちゃんのいる場面での周囲の人々のことば遣いは異なることが知られています。

　欧米の中流層に属する人々の多くは、生まれたばかりの赤ちゃんの中に「意図」を読みとる傾向にあり、その行動を「不完全なもの」と仮定して、積極的に発達をうながそうとします（Ochs, 1982）。そこでは、人々は赤ちゃんをみずからの会話のパートナーとして見なし、語りかけたり、あいまいな行動を解釈したりします。例えば、泣いた赤ちゃんに「おなかがすいたんだね」と呼びかける姿がイメージできるでしょう。幼児語は、こうした仮定を共有する社会においてよく見られるレジスターなのです。

　それに対して、赤ちゃんを会話のパートナーとしてとらえない文化もあります。言語人類学者のエレノア・オックスは、オセアニアに浮かぶサモア島のとある村で、1歳から3歳の子どもを中心に人々のコミュニケーションを観察しました（Ochs, 1982）。サモアでは伝統的に子育ては母親だけが担うのではなく、親の家族や赤ちゃんの年上のきょうだいも参加して行われます。複数の養育者と子どもたちは、家屋の外に集まってさまざまな活動に従事します。そういう状況では、養育者たちは幼児語をめったに使わなかったようです。サモアの伝統的な子ども観では、赤ちゃんは非社会的な存在です。この見方によると、赤ちゃんは非社会的な行動をもたらす衝動に突き動かされ

ており、大人が何かを教えようとしても反応できないと考えられています。この考え方は、欧米の中流層がもつ考え方とは対照的だということが分かるでしょう。

　こうした文化間比較を通してオックスらは、子どもをどのようにしてコミュニケーションに誘うかという考え方には多様性があることを指摘しました(Schieffelin & Ochs, 1986)。一方の極は「子ども中心」(child-centered)の考え方です。これは、大人が子どもの視点に合わせることを志向するものです。大人は子どもの不完全な行動の中に意図を読み込むと同時に、ことばの発達を支援します。他方の極は「状況中心」(situation-centered)の考え方です。この考え方をとる大人は、子どもに合わせるというよりもその場の状況の方を重んじます。その代わりに、子どもにはそのときどきの状況に合わせて行動できるようになることを期待します。要は、子ども「に」合わせるか、それとも、子ども「が」合わせるか、という対立軸だと言えます。

　ここまでで分かるように、子どもに向けたコミュニケーション(Child Directed Communication；以下ではCDCと呼びます)を規定するものや、具体的にあらわれるかたちには文化間で違いが見られます。オックスらはその多様性を次に示す6つの軸で記述するモデルを提案しました(Ochs, Solomon & Sterponi, 2005)。

①子ども観。すでに述べたように、子ども中心の考え方から状況中心の考え方にいたる対立軸で整理できます。

②子どもが暮らす生態的環境。例えば、欧米や日本のように閉じた室内空間に赤ちゃんがいる場合と、サモアのように赤ちゃんが近所の人から見える空間にいる場合とでは、赤ちゃんに接する人数や関係の多様性が異なります。

③コミュニケーションの際の身体の配置。大人と子どもが互いに向き合う配置、体を横に並べて同じ方向を向く配置、体を縦に並べて同じ方向を向く入れ子状の配置の、3通りがあります。

④どのような活動をしているか。あいさつ、歌、遊び、語り、なだめる、尋

ねる、うながす、教える、伝える、説明するなど、子どもに向けられた活動は多岐にわたります。
⑤記号のレパートリー。話しことばが意味をになう主要な媒体となる一方、視線や姿勢、表情など非言語的な行動も、意味をになう重要なはたらきをします。
⑥多様な人工物。話しことばだけでなく、文字・数字や絵が用いられる場合もあります。さらに、絵本やおもちゃ、テレビや最近ではスマートフォンなどの道具がコミュニケーションに導入されることもあります。

このモデルを参照すると、当然だと思われていた CDC が普遍性をもつわけではないことに気づきます。例えば、発達心理学には「マインド-マインデッドネス」(mind-mindedness)と呼ばれる概念があります。これは、赤ちゃんに「心」を仮定し、それに焦点を当ててかかわろうとする傾向を指します。この傾向が強い養育者のもとで育つと、子どもは他者の感情をより正確に推測できるようになる可能性が指摘されています(篠原, 2007; 2011)。この概念が指し示す傾向は文化に関係なく存在するかのように前提されていますが、ここまでの話でお気づきのように、この傾向は子ども中心の子ども観を背景とした行動パターンだと言えます。そうした文化に育った子どもの感情推測能力が高いのだとしたら、CDC のどのような特徴がそれをもたらしているのかをていねいに分析する必要があるでしょう。決して、養育者の特性だけが子どもの発達的変化を引き起こすわけではありません。

3 公園における親同士のコミュニケーション

それでは最後に、日本の子育て環境における養育者や幼児のコミュニケーションについて、オックスらによる CDC の説明モデルから考えてみたいと思います。

日本は幼児語が使用される社会であり、欧米と同様に子ども中心の子ども観に基づく CDC を観察することができます。基本的には、壁に囲まれた室

内においてごく少人数の養育者が赤ちゃんと対面的なコミュニケーションを行います(日本の現状として、赤ちゃんと最も長い時間を過ごす養育者が母親である場合が多いので、以下では母子関係を念頭に置きます)。母親は赤ちゃんの状態に敏感に反応することが期待されており、成長の段階に応じた介入がなされます。例えば、子どものできることに応じて、離乳食やトイレットトレーニングが始められますし、また、絵本や知育玩具を家庭内に置くことはポジティブに受け取られます。

しかし同時に、こうした子育て実践を続けた結果、母子だけで完結した閉鎖的空間が生み出され、互いに感情的な葛藤が現れるというネガティブな側面も指摘されます。極端な場合は虐待の温床にもなりかねません。

こうした葛藤をやわらげるために母親がしばしば行うのは、「家の近所の公園に行く」というものです。公園に行く目的としては、第一に子どものためが挙げられます。細かな目的としては、子どもを屋外で遊ばせて気分転換させて食事や午睡をしやすくするといったものから、同年代の子ども同士で遊ぶことで社会性を育成するといったものまで多様です(堂本, 2008；大野・服部・進士, 1998)。子どもの必要性に大人が適応しようとするのですから、公園へ行くことの背景には子ども中心の考え方があると言えそうです。

もう1つの主な目的は、母親自身のために公園に行くというものです。具体的には、母親の気分転換や、他の母親たちとの一時的なコミュニケーション、さらには親密になった母親同士のグループへの参加といった目的があります(堂本, 2008；大野・服部・進士, 1998)。子どもたちだけで遊べるようになると、子どもに合わせるよりも母親たちのグループ内の会話(いわゆる「井戸端会議」)に合わせてふるまうようになるかもしれません。これは、母親同士の関係を優先するのですから、状況中心的な考え方に基づく行動と言えるでしょう。

公園に来るきっかけは子ども中心の考え方に基づくものかもしれません。興味深いのは、その考え方から出発したとしても、子どもだけで遊べるよう

になるといった発達的変化や、ママ友ができるといった母親の社会的変化にともなって、状況中心的な行動が現れる場合があるという点です。幼稚園や小学校低学年の子どもをもつ母親に対する調査でも、子ども同士で遊べるようになると、母親同士のかかわりに積極的になるそうです(田爪・大石・川口・小泉・長谷川・柴村, 2004)。もちろん、自分の子どものことを無視しているわけではないでしょうし、各々の家庭に戻れば、再び子ども中心の考え方に基づいた行動があらわれるでしょう。

つまり、単一の文化を共有する人々の間にもCDCのパターンに多様性があり、また、同じ人でも状況次第では子どもに対する行動習慣を変えるのです。すると、一見すると子ども観に多様性がなさそうな社会においても、どのような状況でどのようなCDCがあらわれるのかを詳細に記述していくことが必要だと分かります。その際にはオックスらの説明モデルが記述の枠組みとして有効な道具になるでしょう。

文献

Agha, A. (2003). Registers of language. In A. Duranti (Ed.), *A companion to linguistic anthropology* (pp.23–45). Malden, MA: Blackwell.

堂本真実子(2008). 子育て実践共同体としての「公園」の構造について―「正統的周辺参加」論による分析を通して― 子ども社会研究, *14*, 75–90.

Ferguson, C. A. (1977). Baby talk as a simplified register. In C. E. Snow & C. A. Ferguson (Eds.), *Talking to children: Language input and acquisition* (pp.209–235). Cambridge: Cambridge University Press.

村田孝二(1968). 幼児の言語発達 培風館

Ochs, E. (1982). Talking to children in Western Samoa. *Language in Society, 11*, 77–104.

Ochs, E., Solomon, O., & Sterponi, L. (2005). Limitations and transformations of habitus in Child-Directed Communication. *Discourse Studies, 7*, 547–583.

大野正人・服部勉・進士五十八(1998). 乳幼児連れの母親の公園利用実態からみた公園デビューに関する一考察 ランドスケープ研究, *61*, 785–788.

Schieffelin, B. B., & Ochs, E.(1986). Language socialization. *Annual Review of Anthropology*, *15*, 163–191.
篠原郁子(2007). 母親の mind-mindedness と 18 ヶ月児の心の理解能力の関連―共同注意行動および内的状態語の発達との検討― 京都大学大学院教育学研究科紀要, *53*, 260–272.
篠原郁子(2011). 母親の mind-mindedness と子どもの信念・感情理解の発達―生後 5 年間の縦断調査― 発達心理学研究, *22*, 240–250.
Solomon, O.(2011). Rethinking baby talk. In A. Duranti, E. Ochs & B. B. Schieffelin(Eds.), *The handbook of language socialization*(pp.121–149). Molden, MA: Wiley-Blackwell.
田爪宏二・大石美佳・川口和英・小泉裕子・長谷川岳男・柴村抄織(2004). 子どもの遊び場における母親同士の「公園づきあい」―公園におけるコミュニケーションの実態および子どもの遊びへの影響からの検討― 鎌倉女子大学紀要, *11*, 49–59.

3章　会話に巻き込む
〜会話の秩序とその理解

1　会話へのいざない

　公園で2組の母子が遊んでいます。赤ちゃんの目の前に転がってきたボールが、その手の届かない向こうへ行ってしまいそうです。このとき、2人の母親がそれぞれの赤ちゃんに話しかけたことばを聞いてみましょう(以下は、岡本・菅野・東海林・高橋・八木下(川田)・青木・石川・亀井・川田・須田(2014)に所収の事例を借りて作成した架空の発話です)。

例3-1
母親A　ボール取ってきて、よーいどん
母親B　あ、ボールだ、いっちゃったー

　2人の母親のことばには微妙な違いがあります。母親Aのことばは、赤ちゃんに対する指示や合図として聞こえます。一方で、母親Bのそれは、状況を描写するもののようです。ただ、それは誰の目から見た状況なのか、という疑問がわいてきます。母親自身でしょうか？　確かにそうでしょうが、同時に、あたかも、赤ちゃんから見た状況を赤ちゃん自身が語っているように聞こえないでしょうか。

まだことばの話せない子どもの考えていることや感じること、あるいは社会的場面にふさわしいことばを、その場にいる年長者が子どもの代わりに話すことを「代弁」(岡本, 2001)と呼びます。これは、子どもの視点に立って語る行為ですので、第2章で取り上げた「子ども中心」の考え方と親和性が高いでしょう。日本や欧米のほか、メキシコに住むマヤ語を話す民族の親子の会話でも使われます(de Leon, 1998)。

　代弁はさまざまなはたらきをもつことが指摘されています(Burdelski, 2012；岡本ら, 2014)。重要な特徴の1つは、まだ話すことのできない子どもを、会話の中に「埋め込まれた話し手」(embedded speaker; de Leon, 1998)として扱うことです。1歳をすぎた頃から意図をもった発話が出始めますが、それと反比例するように年長者による代弁は減少するようです(岡本ら, 2014)。このことからも、代弁とは前言語期の子どもをことばの世界に巻き込もうとする考えのあらわれだと言えそうです。

　代弁を用いるのは大人だけではありません。次の例は、2歳11ヶ月の姉が、0歳11ヶ月の弟のことばを引用の形式(「〜って」)で代弁したものです。

例 3-2　寝るーってゆってる

1　母：ケンスケどうする？寝るか遊ぶか
2　母：どっちするー？((弟に向けて))
3　弟：　　ん［ん
4　母：　　　　［お姉ちゃんと遊ぶー？
5　　　　(1.0)
6　姉：ね、寝るーってゆってる
7　母：寝るーって、ふふ、ゆうてる？うそー
8　母：遊びたいってるわおねえちゃんとー

　　　　　　　　　(高木(2009, p.485)より、表現を改めて引用。
　　　［ ］は発話の重なりを、(( ))は動作を、( )は沈黙の秒数を示す。)

例3-2で興味深いのは、弟の発話を代弁する姉の行動(6行目)です。ここにはいくつかの発見があります。

第一の発見は、赤ちゃんに話しかけるという行為をおよそ3歳の子どもが自然なものとして受けとめていることです。返事のできない弟に話しかける母親を不思議に思わないばかりか、母親の意図をそこなうことなく一連の流れに参加できているところからも明らかです。例3-2での3人の親子間の会話は、赤ちゃんという存在についての大人の考え方(ここでは「子ども中心」の考え方)に幼い子どもが触れる機会として機能していたと言えます。

第二の発見は、誰かが話しかけたら、話しかけられた者は返事をする、ということに姉は気づいている、ということです。ここでは母親が弟の名前を出して話しかけたのですから、その場にいる人々は弟による応答を期待します。姉の代弁行為はその想定を背景にもっているように思われます。

子どもを会話に巻き込む年長者たちの行為を記述・分析するためには、第二の発見で示したような、ある種の慣習的なルール(すなわち、「問いかけの後に応答が来る」)のようなものを考慮する必要があるでしょう。次節で、そうした秩序を記述するために社会学で提起されてきたいくつかの概念や枠組みを紹介します。

2　会話の秩序〜会話分析、隣接対、順番交替システム

会話に接するとき、私たちが当然だと期待していることはたくさんあります。例えば、質問の後に応答が来ることは当然だと期待されることの1つでしょう。期待が生じるということは、会話には秩序だったやり方のあることを示していると言えます。

とは言え、会話の秩序について書かれたルールブックがどこかにあるわけではありません。何が当然で、何がそうでないのかを、私たちは普段の会話の中で示して確認し合っているのです。

こうした考え方は、「会話分析」(conversation analysis)と呼ばれる社会学の

枠組みが前提とするものです。会話分析を創始したハーヴェイ・サックスたちが注目したのは、日常会話の中で私たちが行っている、話し手が円滑に交替すること(Sacks, Schegloff & Jefferson, 1974)、あるいは、会話の参加者が会話を終えようとすること(Schegloff & Sacks, 1973)といった、普通なら気づかずにやりすごすような現象でした。サックスらによれば、話し手が交替するのも、会話を切り上げるのも、会話の「外」にあるルールブックのような何かを参照して行われるのではなく、人々がその場にあるものを使って協働的に行う作業なのです(会話分析という考え方の詳細については、高木・細田・森田(2016)を参照。なお本書に登場する会話分析に由来する諸概念の訳語は同書に基づいています)。

　ことばの社会化という観点からすると、会話を秩序だったやり方で行えるようになることは、社会化の1つの帰結です。その実際の過程は、会話の様子を見たり聞いたり、そこに参加したりすることを通して、ことばの使い方や身振りの仕方を覚えていくというものでしょう。すると、子どもと大人の会話は、協働的な作業として行われつつ、同時に、その協働の仕組みについての知識が提供される場にもなっていると言えます。

　ここで、会話分析の枠組みから主要な2つの概念を取り上げながら、前節の例3–2を分析してみましょう。その2つの概念とは「隣接対」(adjacency pair)と「順番交替システム」(turn taking system)です。

隣接対

　ある人が「こんにちは」と言って話しかけたとします。このとき、話しかけた人は話しかけられた人があいさつなどのなんらかの反応を返してくれるものと期待しているでしょうし、話しかけられた方もその期待にこたえて「こんにちは」と言おうとするでしょう。あいさつのように、強い予想可能性で結ばれた2つの発話を、会話分析では「隣接対」と言います(Schegloff & Sacks, 1973)。質問と応答(「今何時?」「時計もってないんだ」)や依頼と承諾・不承諾(「行ってくれる?」「いいですよ／ちょっと風邪気味で」)なども隣接対です。

隣接対の最初の発話(第一部分)が発せられると、対となる発話(第二部分)が後に続くものと慣習的に想定されます。逆に言えば、第一部分の後に誰も話さないと、それは第二部分が欠けていると感じられてしまいます。この概念を使って例3-2の姉の発話を分析してみましょう(視線の動きに注目した、より詳細な分析については高木(2009)を参照)。1〜4行目の母の発話は、応答という第二部分を強く予想させる、質問という第一部分として機能します。しかし、母の質問が向けられたはずの弟は話すことができないため、結果的に第一部分は宙ぶらりんになりそうでした(5行目の1秒間の沈黙に注意しましょう)。続く姉の発話(6行目)は、応答という第二部分を弟に代わって埋め合わせるものとして理解することができます。このような理解が背景にあるからこそ、私たちには姉の発話が「代弁」として聞こえるのだと考えられます。

順番交替システム

日常会話は話し手の交替を通して形作られていきます。ただ、どのタイミングで、誰から誰に交替するかはあらかじめ決まっていません。にもかかわらず、多くの場合は破綻することなく会話は進みます。こうした秩序を生み出す仕組みを、サックスたちは「順番交替システム」と呼びました(Sacks, Schegloff & Jefferson, 1974)。

順番交替システムとは、簡単に言えば、現在の話し手の次に誰が話すのかを会話参加者の間で相互調整する際の仕組みです。その際に重要になるのが、順番の切れ目がどこになるのかという予測です。この切れ目の判断がうまくいかないと、進行中の発話が終わらないうちに割り込んでしまったり、妙な沈黙が生まれたりします。あいさつのように定型的な言い回しであれば、切れ目ははっきりと予測できますが、一般的には発話の長さはあらかじめ決められていません。にもかかわらず、順番交替がうまくいくのだとしたら、切れ目を予測するための材料が会話の場にはあるものと考えられます。

例3-2では、(弟を無視すれば)母→姉→母といったように順番が交替しています。便宜的にこまかく行分けされていますが、1、2、4行目が母の最

初の、7、8行目が母の2番目の発話順となります。順番を構成する発話の
まとまり(「順番構成単位」(turn constructional unit; TCU)と言います)の長さ
はまちまちです。TCUの中にも、切れ目を感じさせる箇所はいくつかあら
われています。例えば、1、2、4行目の母の発話には、ところどころ上昇調
で音が引き延ばされるとなる部分があります(「遊ぶー？」など)。日本語の
場合、疑問を明示する上昇調は、順番を終えようとすることを会話参加者に
強く感じさせます。このように順番交替が起こる可能性を感じさせる瞬間を
「順番の移行に適切な場所」(transition relevance place; TRP)と呼びます。
TRPにおいては、現在の話し手以外の人が次の発話を引き受けてもいいで
すし、現在の話し手が引き続き話してもいいのです。例3-2の5行目で
は、母は姉の方に視線を向けていたそうですが(高木, 2009)、それは次の
話し手を指名する非言語的な手続きとなります(Lerner, 2003)。このよう
に、母が順番を手放して姉がそれを引き受けることが、何度目かのTRP(5
〜6行目)においてきわめて秩序だったやり方で協働的に成し遂げられてい
たのです。

　会話とは人々が協働的に行う作業だというのが会話分析の大きな前提でし
た。前言語期の子どもがこの作業に携わる際には、視線の動きや体全体の反
応を使って関与するというのが1つのやり方です(Sierra, 2017)。この時期
の子どもは会話の順番をことばで埋めることはできませんが、ときおり年長
者が代弁という形で代替してくれるわけです。代弁を聞くという経験は、あ
る状況下で何をどういうタイミングで言うかに関する知識をもたらしてくれ
るでしょう。そのようにして得た知識は、会話を秩序だったやり方で行うの
に用いられる、隣接対や順番交替システムの具体的な内容となるのです。

　最後に、別の事例を使ってここまでのおさらいをするとともに、次の4
章と関連するトピックを導入しておきましょう。2組の親子(ハル(2歳1ヶ
月の女児)とその母親、男児(1歳11ヶ月)とその父親)が公園の砂場で遊ん
でいるところです。

例 3-3　どーぞって、ありがとーって

1　ハルの母親：かしてあげて
2　ハル　　　：((おもちゃを手渡す))
3　ハルの母親：どーぞ［って］
4　父親　　　：　　　［ありが］とーって
5　父親　　　：[((男の子の背中を手で押す))]
6　男児　　　：[((おもちゃに手を伸ばしながらおじぎする))]
7　母親　　　：どーぞ

　　　（Burdelski(2012, pp.279-280)より。原文は英語とローマ字表記。
　　　　　　　　引用に際して日本語表記に改めた。
　　　　　　［　］は発話や動作の重なりを、((　))は動作を示す。）

　この例では3行目と4行目に代弁を観察することができます。遊ぶためのおもちゃを融通する際の慣習的な手続きが、双方の親によって子どもの代わりに行われています。ここには「申し出-受諾・返礼」という隣接対が見られます。さらに、ここでの代弁には、ことばだけでなく、身体の具体的な動作（おもちゃを手渡す、おじぎをする）が伴われているのも興味深い点です。

　例3-3で見られた代弁は、会話の形式という点から言えば単純な隣接対を導入するはたらきをしていたと言えます。同時に、物の貸し借りをする際の具体的なやり方や、それと強く結びついた文化的価値観（例えば、融和的にふるまうのがよい）が導入されていると考えることもできるでしょう。

文献

Burdelski, M.(2011). Language socialization and politeness routines. In A. Duranti, E. Ochs & B. B. Schieffelin (Eds.), *The handbook of language socialization* (pp.275-295). Malden, MA:

Wiley-Blackwell.
de Leon, L.(1998). The emergent participant: Interactive patterns in the socialization of Tzotzil (Mayan)infants. *Journal of Linguistic Anthropology*, *8*, 131–161.
Lerner, G. H.(2003). Selecting next speaker: The context-sensitive operation of a context-free organization. *Language in Society*, *32*, 177–201.
岡本依子(2001). 母子コミュニケーションにおける母親の代弁—1歳児への代弁の状況と発話形態の関連—　母子研究, *21*, 46–55.
岡本依子・菅野幸恵・東海林麗香・高橋千枝・八木下(川田)暁子・青木弥生・石川あゆち・亀井美弥子・川田学・須田治(2014). 親はどのように乳児とコミュニケートするか—前言語期の親子コミュニケーションにおける代弁の機能—　発達心理学研究, *25*, 23–37.
Sacks, H., Schegloff, E. A., & Jefferson, G.(1974). A simplest systematics for the organization of turn-taking for conversation. *Language*, *50*, 696–735.
Schegloff, E. A., & Sacks, H.(1973). Opening up closings. *Semiotica*, *8*, 289–327.
Sierra, S.(2017). "Buffy sings to Cody": A multimodal analysis of mother and pre-lingual-infant question-response sequences. *Journal of Pragmatics*, *110*, 50–62.
高木智世(2008). 相互行為の中の子どもの発話　串田秀也・定延利之・伝康晴(編)「単位」としての文と発話(pp.133–167)ひつじ書房
高木智世(2009). 隣接ペア概念再訪—相互行為の原動装置—　認知科学, *16*, 481–486.
高木智世(2016). 膝に抱っこして遊ぶ姿勢—共に視て共にふるまう身体と相互行為秩序—　高田明・嶋田容子・川島理恵(編)子育ての会話分析—おとなと子どもの「責任」はどう育つか—(pp.199–228)昭和堂
高木智世・細田由利・森田笑(2016). 会話分析の基礎　ひつじ書房

4章　マネは創造のタネ
〜うながし、参与枠組み、ルーティン

1　うながされてことばを知る

　第3章で取り上げた代弁は、話せない子どものことばを周りの年長者が代わりに発話するというものでした。成長した子どもが話せるようになると、年長者からのはたらきかけは変化していきます。子どもに対して社会的に適切な言語行動を具体的に教えたり、その行動をより直接的に訂正したりするようになるのです。本章では、年長者と子どもとの日常的な会話の中で行われる、素朴な形によることばの「指導」について取り上げてみましょう。

　次に示す例4-1に登場する2人の子どもたち(タイイチ(3歳0ヶ月)とマサト(2歳1ヶ月))は、ある程度のことばの使用ができる状態だと思われます。この事例は、直前にタイイチがマサトにおもちゃの携帯電話を手渡して、マサトの母親が彼に「ありがとうは？」と何度か語りかけた直後のやりとりです。

例4-1　ありがとーって言わな
1　マサトの母：　それありがとーって((おもちゃを指さしながら))
2　　　　　　　　どーぞしてくれはった
3　　　　　　　　ありがとーって言わな

4	マサト 　　　　 :	ありーと((タイイチに頭と視線を向ける))
5	マサトの母　　 :	はい
6	タイイチの母 :	はい、いいえどーいた［しましてって］
7	タイイチ 　　　 :	［いいえどー　］いたしまして

(Burdelski(2009, pp.239–240)より。原文は英語とローマ字表記。引用に際して日本語表記に改めた。［　］は発話の重なりを、((　))は動作を示す。)

　例4–1は、おもちゃの貸し借りという社会的な交渉に際して用いられる「どうぞ」「ありがとう」「どういたしまして」という定型表現(formulaic language)を、母親たちにうながされて子どもたちが発話するという場面です。マサトの母親は彼に「ありがとう」と言うように何度も繰り返しています。このことから、彼女は子どもによる模倣を期待していたと推測できます。

　このような期待をもって行われる年長者の行為は「うながし」(prompting)と呼ばれます。模倣を期待する点で、うながしは代弁とは少し異なるようです。というのも代弁は、発話ができない、あるいは話し方を知らない子どもを仮想的な話し手にする試みだからです。実際のところ、前章の例3–3に出てきた子どもたちは親の言う「どーぞって」や「ありがとーって」といった発話を繰り返していませんでしたが、ここでの子どもたちは母親たちによってうながされたことばを繰り返すことができました(4行目と7行目)。

　うながしという行為には、2つのはたらきがあります。1つは、状況にふさわしいことばをまだ知らない子どもに対してモデルを示すというはたらきです。年長者の発することばの意味や、それを言うことによって何が起こるかを知らなくても、子どもは模倣するだけで適切にふるまうことのできる存在になれるのです。

　もう1つは、うながされることばを通して、文化に固有な習慣、社会的規範や価値観を暗黙のうちに子どもに伝えるというはたらきです。日本では、「ありがとう」「ごめんなさい」のように、他者への共感的態度を示したり、対人関係を調節したりすることばのうながしが重視されます(Burdelski,

2010; 2012; 2013；バーデルスキー，2014; 2016)。一方、うながしは日本に限らず、世界各地の多くの文化に見られるコミュニケーションのパターンです(Demuth, 1986; Field, 2001; de Leon, 1998; Rabain-Jamin, 1998; Watson-Gegeo & Gegeo, 1986)。うながしというはたらきは同じですが、子どもたちの生活の仕方や文化形態に応じて、どのような発話をうながすのかという点では違いがあります。

　他の社会ではどのようなうながしが行われているのでしょうか。例えば、拡張家族が複数の住居に別れて暮らすような集落社会では、姿の見えない親族や知り合いの名を「呼びかけ」(calling out)して、その所在を確認する習慣があります(Watson-Gegeo & Gegeo, 1986)。そうした社会で観察されたうながしの例を見てみましょう。南太平洋のソロモン諸島にある集落に暮らす、3歳の女の子とおばのやりとりです。

例4–2　おじいちゃん！
1　おば　：おじいちゃんを呼んで
2　女の子：おじいちゃん！(最後の音を高く上げながら大声を出す)
3　おば　：米が炊けたよ(淡々と、早口で、下降調で)
4　子ども：米が炊けたよ！(最後の音を高く上げながら大声を出す)
5　おば　：一緒に食べよう(淡々と、早口で、下降調で)
6　子ども：一緒に食べよう！(最後の音を高く上げながら大声を出す)
　　　　　　　　　　　(Watson-Gegeo & Gegeo(1986, pp.21–22)より。
　　　　　　　　　　　引用に際して現地語の英訳から日本語に訳した。)

　おばが呼びかけをすることもできたはずですが、彼女はこの場面ではあえて女の子に呼びかけをさせています。この文化には、子どもが幼いときから大人と同様の能力をいち早く身に付けるよう期待する考え方があります。こうした考え方が背景となり、子どもをその社会の規範や価値に触れさせて、さまざまな状況のもとで正しいとされる行動を形成するはたらきをもつもの

として、うながしが用いられるのです(Demuth, 1986)。まとめると、うながしはことばの社会化を促進する重要な言語的ツールの1つなのです。

2　参与枠組みとルーティン

　うながしという出来事を見る上で、おさえておくべき2つの概念があります。1つは「参与枠組み」(participation framework)、もう1つは「ルーティン」(routine)です。

参与枠組み

　参与枠組みとは、多数の人々による会話をコミュニケーション上の役割という観点から分析するのに用いられる概念です。会話というと私たちは話し手と聞き手という2人(dyad)のやりとりを念頭に置くかもしれません。しかし実際の会話の場には3人以上(multiparty)の人々がいることもあります。このとき、話し手以外の人々は、話し手によって発話が向けられた人とそうでない人に分かれます。社会学者のアーヴィン・ゴッフマンは、前者を「受け手」(addressee)、後者を「傍参与者」(side-participant)と呼びました(Goffman, 1981)。さらにゴッフマンは、会話の場を広く見渡したときに、会話の輪には入っていないものの、話が聞こえる範囲にいる人の存在を指摘し、その存在が話し手や受け手に認識されている「傍観者」(overhearer)や存在が認識されていない「盗み聞き者」(eavesdropper)と呼びました。こうしたコミュニケーション上の役割は「参与役割」(participation status)と呼ばれますが、これらの参与役割をコミュニケーションの過程で引き受けたり互いに割り当てたりするダイナミックな構造を参与枠組みと呼ぶのです(図1)。

　参与枠組みという概念を用いると、うながしはどう見えてくるでしょうか。年長者はうながしを通して単に言い方や文化的価値観を教えるだけでなく、誰かを受け手とするために必要な話し手としての振る舞い方を子どもに教えている、と説明することができます(de Leon, 2012)。例えば、母親のおなかにいる胎児や人間以外の生き物、さらには無生物に対して話すように

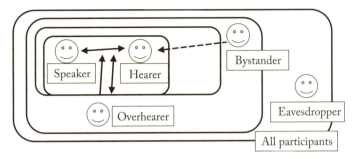

図1　参与役割と参与枠組み（坊農・高梨（2009）より作成。）

うながす例が報告されています(Takada, 2013)。そうした存在を仮想的な「受け手」とすることにより、話し手としての適切な行動を子どもに例示するのがうながしの1つの機能だと言えます。

　また、うながしの宛先は表面的には子どもなのですが、実際には傍参与する第三者にも向けられている、と考えることもできます。例4–1ではマサトの母親が「ありがとーって言わな」(3行目)とうながしています。彼女がそのように発話した動機としては、もちろん、マサトがお礼のことばを言うようにし向けることがあります。一方で、彼女は、「子どもに適切なふるまいを身につけさせようとする意識をもった親」としての自分を、タイイチの母親に対してあらわそうとしていた、という動機の解釈も可能だと思われます。つまり、マサトの母親によるうながしの発話は、マサトに向けられていたと同時に、タイイチの母親にも向けられていたと解釈できます。

　このように、参与枠組みという概念を使うことにより、うながしという出来事に付随するコミュニケーション上の複雑な役割を記述することができるようになります。

ルーティン

　ルーティンとは、複数のスロットから構成された定型的なやりとりを指します。定型的なやりとりとしてすぐに頭に浮かぶのが、第3章や本章で取り上げたような、あいさつや申し出のほか、謝罪(「ごめん／いいよ」)、仲間

入り(「いれて／いいよ」)、食事(「いただきます／どうぞめしあがれ」)の際に用いられることばでしょう。これらもルーティンと言えます。ルーティンのもう1つの特徴は、スロットに入ることばを自由に決められる場合があるという点です。幼稚園の4歳児クラスで見られた食事中の子どもたちの会話には次のようなものがあります。

例 4-3　○○ある人、手ーあげてー
1　　子ども：ミートボールある人、手ーあげてー
2　　子どもたち：はーい
3　　子ども：にいちゃんいる人、手ーあげてー
4　　子どもたち：はーい

(外山(2000)の内容を元に再構成した。)

　このやりとりは、問いかけと返事という2つの構成要素から成っています。やりとりのパターンが予想しやすいため、多くの子どもがここに参加できるという点が特徴的です。さらに、問いかけの内容を自由に変えることができるので、創造的な側面ももちあわせています。例えば、やりとりをしばらく続けた後で「○○ない人、手ーあげてー」のように新しい表現を導入することができますし、それによって雰囲気がより楽しいものとなり、活動を継続する動機づけが高まります。こうした特徴があるため、親子の間で行われる「いないいないばあ」のようなルーティン的な遊びには、ことばの習得や活動への参加を支援する機能があると指摘されてきました(Ratner & Bruner, 1978)。さらに、学校などでの第二言語学習場面でもやりとりのルーティンを通して言語学習が促進されるとともに、活動への参加を持続させる機能を果たすことが指摘されています(Kanagy, 1999; Ohta, 1999)。
　ルーティンの習得というと、あたかも単純な条件づけのように感じられるかもしれません。しかし実際には、一度獲得したルーティン的な言語行動も社会経験を通して柔軟に変化していきます。

感謝を示すべき場面で、日本語話者が「すいません」と謝罪のことばを述べることがしばしば指摘されます(Ide, 1998)。しかし、感謝のことばとしての「すいません」を子どもに対してうながす例を筆者は寡聞にして知りません。実際に、例4-1に登場した子どもは「ありがとう」と言うようにうながされていました。ということは、成長のどこかの段階で「ありがとう」から「すいません」へとルーティンの中身が変化するのだと推測されます。

　Long(2010)は、感謝のことばを言うべきいくつかの場面を想定してもらい、その際に相手にどのようなことばを言うかを小学1年生から中学3年生まで、各学年30名ほどに尋ねました。この調査では、見知らぬ中年男性が電車の座席をつめてくれたときに言うことばは、小学生では「ありがとう」と「すいません」がほぼ半々でしたが、中学生になると8割が「すいません」と言うようになる、という傾向が示されました。面白いことに、すでに小学1年生で「すいません」を使う子どもがいるようで、ルーティンが教えられた通りに使われるわけではないことが分かります(Burdelski & Cook, 2012)。

文献

坊農真弓・高梨克也(共編)(2009). 多人数インタラクションの分析手法　オーム社

Burdelski, M.(2009). Prompting Japanese children. In Y. Takubo, T. Kinuhata, S. Grzelak & K. Nagai(Eds.), *Japanese/Korean Linguistics vol. 16*(pp.235–249). Stanford, CA: CSLI Publication.

Burdelski, M.(2010). Socializing politeness routines: Action, other-orientation, and embodiment in a Japanese preschool. *Journal of Pragmatics, 42*, 1606–1621.

Burdelski, M.(2011). Language socialization and politeness routines. In A. Duranti, E. Ochs & B. B. Schieffelin(Eds.), *The handbook of language socialization*(pp.275–295). Malden, MA: Wiley-Blackwell.

Burdelski, M.(2013). "I'm sorry, flower": Socializing apology, relationships, and empathy in

Japan. *Pragmatics and Society*, *4*, 54–81.

バーデルスキー、マシュー(2014). 言語社会化の過程―親子3人の会話における謝罪表現を中心に― 阪大日本語研究, *26*, 33–49.

バーデルスキー、マシュー(2016). 養育者‐子ども間の会話における謝罪表現の言語的社会化 高田明・嶋田容子・川島理恵(編)子育ての会話分析―おとなと子どもの「責任」はどう育つか―(pp.99–120)昭和堂

Burdelski, M., & Cook, H. M.(2012). Formulaic language in language socialization. *Annual Review of Applied Linguistics*, *32*, 173–188.

Demuth, K.(1986). Prompting routines in the language socialization of Basotho children. In B. B. Schieffelin & E. Ochs(Eds.), *Language socialization across cultures*(pp.51–79). Cambridge: Cambridge University Press.

Field, M.(2001). Triadic directives in Navajo language socialization. *Language in Society*, *30*, 249–263.

Goffman, E.(1981). *Forms of talk*. Philadelphia: University of Pennsylvania Press.

Ide, R.(1998). 'Sorry for your kindness': Japanese interactional ritual in public discourse. *Journal of Pragmatics*, *29*, 509–529.

Kanagy, R.(1999). Interactional routines as a mechanism for L2 acquisition and socialization in an immersion context. *Journal of Pragmatics*, *31*, 1467–1492.

de Leon, L.(1998). The emergent participant: Interactive patterns in the socialization of Tzotzil (Mayan)infants. *Journal of Linguistic Anthropology*, *8*,131–161.

de Leon, L.(2011). Language socialization and multiparty participation frameworks. In A. Duranti, E. Ochs & B. B. Schieffelin(Eds.), *The handbook of language socialization*(pp.275–295). Malden, MA: Wiley-Blackwell.

Long, C.(2010). Apology in Japanese gratitude situations: The negotiation of interlocutor role-relations. *Journal of Pragmatics*, *42*, 1060–1075.

Ohta, A. S.(1999). Interactional routines and the socialization of interactional style in adult learners of Japanese. *Journal of Pragmatics*, *31*, 1493–1512.

Rabain-Jamin, J.(1998). Polyadic language socialization strategy: The case of toddlers in Senegal. *Discourse Processes*, *26*, 43–65.

Ratner, N., & Bruner, J.(1978). Games, social exchange and the acquisition of language. *Journal of Child Psychology*, *5*, 391–401.

Takada, A.(2013). Generating morality in directive sequences: Distinctive strategies for developing communicative competence in Japanese caregiver-child interactions. *Language & Communication, 33*, 420–438.

外山紀子(2000). 幼稚園の食事場面における子どもたちのやりとり―社会的意味の検討― 教育心理学研究, *48*, 192–202.

Watson-Gegeo, K. A., & Gegeo, D. W.(1986). Calling-out and repeating routines in Kwara'ae children's language socialization. In B. B. Schieffelin & E. Ochs(Eds.), *Language socialization across cultures*(pp.17–50). Cambridge: Cambridge University Press.

5章　感じ方を交渉する
～感情と道徳のことば

1　感情と道徳とことば

　「ありがとう」などのルーティンは、対人関係を保ったり、調整したりするために必要なものです。しかし、ただやみくもにそう言うだけでは社会生活を送るのに十分ではありません。「ありがとう」と言うべきなのはどのようなときか、それを言うときにどのような表情や身振りをともなわせればよいか、それを言ったり聞いたりする人の心の状態はどのようなものかなどを知ることも社会化の一側面です。

　自分や他人の感情についての理解は幼児期初期から児童期にかけてゆっくりと発達していきます（子安・田村・溝川, 2007）。はじめは、内面の状態がそのまま外へあらわれます。なんとなく感じる不安に泣いたり、嫌いな食べ物を目の前にしたときにそっぽを向いたりするのは、幼い子どもに広く見られる行動です。

　幼児期も終わりにさしかかると、内面の状態から切り離された感情表現が可能になっていきます。例えば、プレゼントとして渡された包みに入っていたものが「期待していたもの」ではなかったとき、くれた相手に対してどのような顔を見せるのがよいかを尋ねた研究（Saarni, 1979）があります。それによれば、年齢が上がるにつれて泣き顔やしかめ面ではなく「笑顔」を選択

できる子どもが増加していきます。

　こうした発達上の変化に、ことばはどのように関係しているのでしょうか。本章では、この時期の子どもが直面する問題のうち、自分の感情を社会とすりあわせること、その上で、その社会で道徳的と評価される行動を知ることを、ことばの社会化という点から見ていきます。

2　感情の交渉

　私たちは、感情を「自然なもの」、すなわち誰からも教えられることなく、何かを経験するとおのずから決まった状態になるもののように思いがちです。しかしそうではなく、社会化の結果である可能性は、いろいろな事実から指摘できます(高木, 2016)。例えば、第1章で見たように、目の前のものや人を「かわいい」や「かっこいい」といったことばで表現することの背景には、ジェンダーなど社会的なカテゴリーに結びついた実践がありました。また、オバケや神様など現実の世界にはいない存在に対して何らかの感情が結びついていることからも、それが自然に発生したものではないと分かります。オバケを実際に見たことのある人はいないでしょうが、私たちはオバケを「こわい」ものだと思っていますし、神様に対しては「畏れ」や「安らぎ」といった感情を結びつけて認識しています。目にするはずのない対象にもなんらかの感情が起こるのだとしたら、どこかのタイミングで、両者を結びつける出来事があったはずです。

　言語発達を専門とするアメリカの研究者パトリシア・クランシーは、感情やそれと結びついた身体的状態に関連することばや言い回しを「感情語」(affective words)と呼んでいます。子どもが感情語を使うようになるまでには、大人が実際にそれらを子どもの前で使ったり、子どもに直接教えたりするという出来事があります。さらに、特定の対象や出来事にどのようなことばを結びつけるべきかについて、子どもの感情語の使い方に大人が同意して肯定したり、逆に、ほかのことばを導入して否定したりして交渉するという

過程があるのです。

　クランシーは日本の家庭内の会話で感情語がどのように使われているかを分析しました。彼女の調査した3組の母子がもっともよく使っていた感情語は「こわい」だったそうです(Clancy, 1999)。このことばが使われていた実際のやりとりを見てみましょう。2歳の男児と母親が、『くまのプーさん』の絵本を一緒に読んでいる場面です。この直前に、子どもは絵の中に出てくる蜂が大きいと言いました。

例5-1　こわくないよ
1　母：大きいのね。よっちゃん、ハチ見たことある？
2　子：うん。こわい、こわい。
3　母：こわくないよ。小さいからだいじょうぶよ。
4　子：だいじょうぶ？
5　母：うん。

　　　　　　　　　(Clancy(1999, p.1414)より。原文は英語とローマ字表記。
　　　　　　　　　　引用に際して行番号を付して日本語表記に改めた。)

　例5-1の会話で起きていたのは、蜂という対象に対してどのように感じるのが「ふさわしいのか」に関する、子どもと母親の間での「交渉」(negotiation)です。この男児が実際に蜂を見たことがあるかどうかは分かりませんし、「こわい」と表現された感情がどのような内容をもつのかは第三者からは分かりません。また、ここでは大丈夫と言っている母親も、実際の場面で子どもに蜂が近づいてきたらあわてるでしょう。ということは、ここで母親が行っていたのは、子どもが「蜂」という対象に結びつけた感情語を、「こわい」から「だいじょうぶ」へと変えようとする交渉だったと言えます。子どもの本当の感情がどのようなものだったのかは、とりあえずここでは問題ではないのです。

　ここで言う交渉という概念には、子どもは他者からの提案をやすやすと受

け入れるばかりではない、というニュアンスが含まれています。そうした意味での交渉の過程は、子ども同士のやりとりにも見られます。次の例は、幼稚園の中で見られたヒナ(3歳1ヶ月)、カナ(3歳3ヶ月)、マオ(2歳7ヶ月)という3人の女児のやりとりです。この直前に、ヒナが遊んでいたおもちゃの車をカナの足に当てたために彼女が嫌がり、先生がカナに「痛いよ」と言うようにうながしていました。

例5–2　ごめんねして、やだ、いまねちょっと用事してるから

1　カナ：ヒナごめんねして。
2　ヒナ：やだ((おもちゃの車で遊びながら下を見る))
3　　　　(1.7)
4　カナ：だって(0.3)、ヒナが(2.1)ヒナちゃんが(わる)
5　カナ：ヒナちゃんわるわる、わらわら
6　ヒナ：((おもちゃで遊ぶ))(4.6)
7　カナ：わらわるかったから
8　カナ：ごめんねして。
9　ヒナ：((おもちゃで遊ぶ))(2.3)
10　マオ：いまねちょっと用事してるから
11　マオ：いまちょっとごねんなさい言わないんだよ。
12　　　　(0.5)
13　マオ：ね、カナ。
14　カナ：((もとの遊びに戻る))

　　　(Burdelski(2013, p.73)より。原文は英語とローマ字表記。引用に際して日本語表記に改めた。(( ))は動作を、( )は正確に聞き取れたわけではない書き起こしであることや沈黙の秒数を示す。)

　例5–2の会話の面白い点は、少なくとも3つあります。1つ目は、「うながし」を子ども同士で使っているという点です。1行目のカナの発話がそう

です。2つ目は、そのうながしを2行目でヒナが拒否していたという点です。「ごめん」という定型表現は、他者の怒りや哀しみといった感情にはたらきかけ、また自分も過ちを反省する気持ちをともなうと期待されることばですから、一種の感情語だと言えます(Clancy, 1999)。2行目をきっかけとして起きていたのは、「ごめん」を使うことをめぐる3人の子どもの複雑な交渉過程なのです。3つ目の面白い点は、この交渉過程を進める上で、カナとヒナがそれぞれ理由を持ち出していた点です。カナは、ヒナが悪いのだから「ごめんね」してと主張し、マオは、(遊びという)用事があるからヒナにはごめんなさいと言えないのだと説明しています。このようにして子どもたちはことばを用いて、自分や他者の状態、さらには対人間の出来事を枠づけなおすという行為をしているのです。

3 実践としての道徳

　謝罪をあらわすことばがあっても、それが実際にどのような場面で使われるかは、社会や文化によって異なります。例えば、日本では対人場面でしばしば「すみません」や「ごめん」が使われるのに対して、アメリカ社会では"sorry"ということばはたとえ当人に非があったとしてもあまり使われないようです(南, 2009)。他人を気遣う感情はどんな社会の人でももっているはずです。違いは、ある社会の中で正しいとされることや善いとされることの判断基準、すなわち道徳(morality)にあるのです。

　道徳とは日常のコミュニケーションを通して実践されたり、語られたりするものであり、社会や文化ごとに共通する部分と異なる部分があります(Bergmann, 1998)。また、どのような社会でも、子どもに道徳を教える際には、何がよくて何がよくないのかをなんらかの形で伝えるのですが、その伝え方には社会や文化の間で多様性があります。ここで言う道徳の範疇には、はっきりと言語的に記述できる倫理だけでなく、こうした方がよいとなんとなく思うというレベルの曖昧で暗黙的な判断基準も含まれます。

ことばの社会化という観点から道徳を見る場合、暗黙的なものに注意する必要があります。その理由は、第一に、子どもに道徳を教えることは必ずしも明示的な形でなされるわけではありません。例えば、子どもにおやつを食べていいかどうかを尋ねられた母親が、「お父さんに聞きなさい」と答えるとき、彼女は養育者の間の不平等性、すなわち「母より父の権威が高いこと」をほのめかしています(Fader, 2012)。第二に、子どもが習得する価値観は、大人が語る「公式的な道徳」と一致しない場合があります。公式的には「分けへだてなく接すること」に高い価値が置かれていても、実際のつきあいでは「自分によくしてくれた人にだけ、お返しによいことをする」という互恵的な関係が重視される社会では、子どもは後者に適合した行動を取る場合があります(Xu, 2014)。つまり、道徳の社会化を考える上では、ことばで語られる内容とともに、その語られ方に注目する必要がありますし、さらには語られないことにも気を付ける必要があるのです。

それでは、日本人社会における道徳への社会化について見ていきましょう。しばしば指摘されますが、自分の主張を、他者に説得的に伝える能力が高く評価されるアメリカのような社会とは違い、他者の感情や意図に敏感であることが日本社会では高く評価されます。こうした道徳的態度は「思いやり」(empathy)と表現されます(Clancy, 1986; Takada, 2013)。

クランシーによれば、思いやりは幼少期の親子の間のコミュニケーションを通して「トレーニング」されるものです(Clancy, 1986)。彼女は東京近郊に住む3組の中流家庭を訪問し、母親と2歳の子どもとのやりとりを観察しました。道徳的なことばの社会化という点で重要なのは、していいことと悪いことをことばでいかに伝えるかという点です。実際に、クランシーの観察した母親は、さまざまな状況で、子どもに「指示」(directive)をしていました。

面白いのは、その際の理由づけのおよそ4割が、母親自身ではなく第三者を理由とするものだったことです。例えば、「もっとはっきりお話ししないとお姉さん(観察者のこと)分からないよ」とか「お姉ちゃんあきれちゃう

からって言ってるよ。まほちゃんにはあきれちゃう」といったように、母親が使う表現には、第三者の感じ方や考え方がしばしばあらわれていました(Clancy, 1986, pp.232-234)。その場にいる第三者は、そうした感じ方や考え方をはっきりと表明したわけではありません。にもかかわらず、母親は他者の考えや感じ方を代弁し、それを子どもの行動のコントロールのために利用していたというわけです。Clancy(1986)によれば、こうしたやり方への適応を通して子どもは他者の感情や意図に対して敏感になっていくと考えられます。

　日本人の親が持ち出す第三者には人間以外の生き物や無生物(例えば、石や花など(Burdelski, 2013))、あるいは「お天道様」や「ひと」のような抽象的存在も含まれます。このような親のやり方について、日本人は万物には八百万の神が宿ると考えている、などという精神論を持ち出して説明する人もいるでしょう。しかし、コミュニケーションをしっかりと分析すると、別の説明も成り立つことが分かります(Takada, 2013)。すなわち、親が子どもの行動を制御する際に、自分以外の感情や考えに基づいた間接的な命令を好んで用いるために、なんらかの存在を「第三者」として持ち出す必要が出てくるのです。

　さて、親にとっては子どもの道徳を形成する方便だったかもしれない「他者」ですが、成長した人々の行動を、実在の人間以上に強く制約する場合もあることもまた事実です。見えない抽象的な「ひと」の感じ方や考え方とは、日本社会に住む私たちが「空気」と呼ぶものに近いと思われます。そして、この社会で生きづらさを感じる人々の中には「空気が読めない」ことを指摘されたり、「空気を読め」と注意されたりする人がいるのもまた事実でしょう。これは、思いやりに高い価値が置かれる日本社会の道徳の負の側面だと言えます。

　問題があるとすれば、それは、そのような人の個人的資質に生きづらさの原因を求めようとする態度でしょう。私たちが「空気」と呼ぶものや、それを読みこんだ上で行う「忖度」は、もしかすると幼少期の思いやりの形成過

程から生まれたやっかいな副産物なのかもしれません。ある文化への適合者と不適合者へと人を分けるのはまさにその文化にほかならず、個人の性質なのではないという考え方も十分に可能なのです(Kulick & Schieffelin, 2004)。

　何が正しく、何がよいのかの判断基準としての道徳の形成過程をことばの社会化という観点から見る上で重要なことは、道徳を「そこにある固定されたもの」としてとらえるのではなく、人々の間のコミュニケーションを通して実践され、交渉される動的な過程として考えることです。親子の間のコミュニケーションだけでなく、成長してからの大人同士のコミュニケーションを対象にしても同じことが言えます。私たちが当然と思っていることをいったんペンディングし、慎重に分析する態度がことばの社会化研究には必要なのです。

文献

Bergmann, J. R.(1998). Introduction: Morality in discourse. *Research on Language and Social Interaction*, *31*, 279–294.

Burdelski, M.(2013). "I'm sorry, flower": Socializing apology, relationships, and empathy in Japan. *Pragmatics and Society*, *4*, 54–81.

Clancy, P. M.(1986). The acquisition of communicative style in Japanese. In B. B. Schieffelin & E. Ochs(Eds.), *Language socialization across cultures*(pp.213–250). Cambridge: Cambridge University Press.

Clancy, P. M.(1999). The socialization of affect in Japanese mother-child conversation. *Journal of Pragmatics*, *31*, 1397–1421.

Fader, A.(2011). Language socialization and morality. In A. Duranti, E. Ochs & B. B. Schieffelin(Eds.), *The Handbook of Language Socialization*(pp.322–340). Malden, MA: Wiley-Blackwell.

子安増生・田村綾菜・溝川藍(2007). 感情の成長―情動調整と表示規則の発達―　藤田和生(編)感情科学(pp.143–171)京都大学学術出版会

Kulick, D., & Schieffelin, B. B.(2004). Language socialization. In A. Duranti(Ed.), *A companion to linguistic anthropology*(pp.349–368). Malden, MA: Blackwell.

南雅彦(2009). 言語と文化―言語学から読み解くことばのバリエーション― くろしお出版

Saarni, C.(1979). Children's understanding of display rules for expressive behavior. *Developmental Psychology, 15*, 424–429.

高木智世(2016). 子どものエスノメソドロジー・会話分析　稲垣佳世子・河合優年・斉藤こずゑ・高橋恵子・高橋知音・山祐嗣(編)児童心理学の進歩 2016 年版(pp.251–272) 金子書房

Takada, A.(2013). Generating morality in directive sequences: Distinctive strategies for developing communicative competence in Japanese caregiver-child interactions. *Language and Communication, 33*, 420–438.

Xu, J.(2014). Becoming a moral child amidst China's moral crisis: Preschool discourse and practices of sharing in Shanghai. *Ethos, 42*, 222–242.

6章 「公」と「私」の使い分け
～スタイルシフトと丁寧体

1　ことばで社会をあらわす～スタイルと指標性

　幼い子どもたちがごっこ遊びで話すことばを聞いていると、大人たちの会話が細かいところまで再現されているのにしばしば驚かされます。しかも、ただの再現にとどまらず、あたかも芝居の監督のように、遊び相手にセリフを「指導」する場面も見られます。例6-1は、タカシとユミコ（どちらも3歳6ヶ月）によるお店屋さんごっこで「指導」が起きた事例です。

例6-1　ありがとーございましたっていうんだ
3　ユミコ：さっきのおつりはどこですか？
4　タカシ：え？これを？
5　ユミコ：さっきのおつりもお。
　　　　　 ((タカシがおもちゃのレジにお金を戻して、ユミコにお金を渡す。レジを操作した後、ユミコは何も言わずにタカシにおつりを渡す))
6　タカシ：ユミコちゃん、お店っていうのはねー、お金をね、「はい」
7　　　　　((手を伸ばす))って渡すんだよ、ね？((ユミコはうなずく))
8　　　　　お店の人がなー、ちゃーんとねー、「ありがとーございまし

た」((おじぎをする))って
9   言うんだ、な？

(Fukuda(2005, p.1049)より。原文は英語とローマ字表記。
引用に際して直前2行を省略し、日本語表記に改めた。)

　この場面でタカシは、店員として言うべきことをユミコに説明していました(5～8行目)。そのように理解できるのは、タカシの発話の中に、種類の異なる2つの話し方があらわれていたからです。1つは、「はい」や「ありがとーございました」といった、店員が使うことばです。もう1つは、それを説明するタカシ自身の地のことばです。つまり彼は、複数の異質な話し方を使い分けていたと考えられます。
　ことばの社会的機能を研究する言語学者や人類学者たちは、1つの言語体系の中に存在する、互いに区別可能な話し方のバリエーションに注目してきました。例えば、お店の店員の話し方やニュースを読むアナウンサーの話し方といったように職業と結びついたものもあれば、女性や高齢者といったように人の属性に結びついた話し方もあります。また、敬語のように話し相手と自分との関係性を表すための話し方もあります。
　こうした話し方のバリエーションは、社会言語学などでは「スタイル」(style)と呼ばれます(Tannen, 1984/2005; Coupland, 2011)。スタイルとは、語彙の選び方やつなげ方、発音やイントネーション、話す速度やリズムなど、ことばのさまざまなレベルで特徴づけられる発話の方法を指します。
　本章では、スタイルに関連したことばの社会化過程を取り上げます。まず、スタイルとそれに関連した概念を紹介します。続く第2節で、子どもがいかにして複数のスタイルを習得し、それを使い分けるようになるのかを調べた研究を紹介します。これは、「スタイルシフト」(style shift)と呼ばれる現象です。スタイルシフトは普段から私たちがなんとなく行っている行為ですが、それができるようになるためには、幼児期からの言語習得過程において、多様なスタイルと、それらを使い分けるべき多様な社会的状況につい

ての知識を身につけることが必要だと考えられています。つまり、社会について知ることが、ひいてはことばの使い方を知ることと密接に結びついているのです。

　ここで、会話のスタイルとそのはたらきを分析する概念について、簡単に見ておきましょう。

　そもそも、子どもの会話の中に「店員のスタイル」と「子ども自身の声」とを区別できるのはなぜでしょう。アメリカの言語人類学者マイケル・シルヴァスティンによれば、このようなことが可能なのは、ことばには「指標性」(indexicality)という性質があるためです。

　彼の言う指標性とは、「ある物の状況的『存在』を指示する記号的性質」（シルヴァスティン，2009, p.278）のことです。記号がもつ指標性とは、例えば、漂う香水の香りからそれをつけていた人の存在が分かるといったように、ものごとの間の共起関係や因果関係を根拠として成り立つ記号的関係性です。言語についても同様で、あることばを使うことで、一般にそれを使用すると想定される人の特徴や、それが頻繁に用いられるような状況があらわされます。言語学や記号学では、指標性によって何かがあらわされるとき、そのことばが何かを「指標する」(index)と表現しますので、本章もこれにならいます。さきほどのごっこ遊びを例に取ると、「はい」や「ありがとーございました」ということばが、店での買い物という状況を「指標する」というわけです。

　スタイルが指標するのは、買い物などの状況だけではありません。年齢層やジェンダー、親族関係、民族や居住地域といった、ことばを使用する人のアイデンティティに関することがらや、会話の相手や会話内容に対する話し手や聞き手の態度といったことがらもスタイルを通して指標することができます。いずれも私たちが社会生活を営む上で重要な社会的カテゴリーです。私たちは、社会のさまざまな側面を直接ことばで表現することもできますが、複数のスタイルやそれらの間のスタイルシフトを通して、間接的にあらわすこともできるのです。

ただ、これらの社会的なカテゴリーはあくまでもそれを認識する私たちの中にあるもので、客観的なものでは必ずしもありません(店員スタイルを使う子どもは店員ではありません)。つまり、スタイルは客観的に実在する何かを指標するというよりは、むしろ現実にあるものごとを社会的なカテゴリーを通して理解できるようになると言った方がよいでしょう(店員スタイルを使うことで、子どもが「店員」として扱われるようになります)。言い換えると、店員スタイルが発話の中にあらわれたとたん、その場がそれと結びついた「お店」という社会的状況として理解されるようになります。

2　丁寧体の習得過程とその役割

人々との社会関係を円滑に結ぶためには、時には相手の私的領域を侵害しないようにしたり、時には心理的な距離をあえて縮めたりして、状況に応じた適切な態度を示す必要があります。

日本ではそのような態度を示すのにさまざまな言語的・非言語的行動が用いられます。「敬語」(honorifics)はその1つです。これにより話題となる人への敬意(素材敬語)や話し相手への敬意(対者敬語)が指標されます。ここでは、日本語において発達の早い時期から使われる敬語の一種である「丁寧体」(いわゆる「ですます体」)と「普通体」を取り上げ、その習得過程とスタイルシフトのはたらきについて検討していきましょう。

丁寧体の使用開始時期については、早くて2歳から3歳くらいと指摘されています(Cook, 1996)。子どもの自発的な使用に先立って、他の定型表現などと同様に(第3、4章を参照)、周囲の大人はふさわしい場面で丁寧体の使用をうながしています。次の例6-2は、京都に住む1歳10ヶ月の男の子とその母親が、近所のおばあさんと女の子に出会ったときのやりとりです。

例6-2　タナカマサルです
1　おばあさん：マサくんってゆう［の？((マサルの目の高さにしゃがんで
　　　　　　　　目を合わせて))
2　母　　　　：　　　　　　　［はい。
3　　　　　　　(0.2)
4　母　　　　：マサルです。((マサルの頭を手で押しながら))
5　　　　　　　(.)
6　女の子　　：マサル［(　)。
7　母　　　　：　　　［タナカマサルです。

　　　（Burdelski(2013, pp.259–260)より。原文は英語とローマ字表記。
　　　引用に際して日本語表記に改めた。[　]は発話の重なりを、
　　　((　))は動作を、(　)は沈黙の秒数や聞き取れない発話を示す。

　例6-2では、自分の名前を名乗るときの表現として丁寧体が用いられています(4、7行目)。子どもが言うべきことばを大人が代弁することにより、子どもはそのことばとそれを使うべき状況との結びつきを経験することができると考えられます。

　一方で、大人と子どものコミュニケーションを観察していると、丁寧体が必ずしも敬意の指標として用いられているわけではないことにも気づきます。2つの事例を挙げて説明しましょう。例6-3はある家庭において、父親が3歳の子どもに対して丁寧体を用いたものです。これは食事場面での会話で、女児が立って食べようとしていました。続く例6-4は、例6-3とは別の家庭の母親と男児(3歳)との会話です。

例6-3　お座りしてください
1　父：あやちゃん、おぎょうぎ悪いですよ
2　　　ちゃんとお座りしてください
3　　　おいしい？

例 6-4　お願いします、しましたよ

1　子：ああ、ママ、ここにボールがあったよ。
2　　　こんなとこに出てた。
3　母：ボールが？あ、ほんとだ。
4　　　じゃあ袋の中に入れてあげて。
5　　　お願いします。
6　子：((袋の中に入れる))しましたよ

（上記 2 例は Cook(1996, pp.180–183) より。原文は英語とローマ字表記。
引用に際して行番号をつけ直し、日本語表記に改めた。
(( ))は動作を示す。）

　例 6-3 と 6-4 に共通する重要なポイントは 3 つあります。1 つは、父親や母親による丁寧体をともなう発話の役割についてです。例 6-3 の 2 行目や例 6-4 の 4 行目は、どちらも子どもに対する「指示」(directive)としての役割を果たしているのが分かります。2 つ目は、どちらの事例でも丁寧体と普通体のスタイルシフトが行われていた点です。つまり、子どもへの指示に際し、大人はあえて丁寧体を用いたということが分かります。3 つ目は、丁寧体による指示発話に、子どもは丁寧体を用いて返答していたという事実です。事例 6-4 では、母親の指示に対して子どももまた丁寧体で返答しました(5 行目)。

　Cook(1996; 1997)によると、発話者は、こうした丁寧体の使用パターンを通して、家族のような私的関係を超えた公的な役割や規範に志向する存在として自身を示そうとしていたと考えられます。指示やそれへの返答における丁寧体は、しつけの責任をもつ「親」や規範を受け入れる「子」という公的役割を表現します。また、ごっこ遊びに見られる丁寧体は「店員」や「お医者さん」などの社会的役割を表現すると考えられます。つまり、丁寧体は「社会的存在としての自己」を指標するスタイルとしてはたらいていたのです。さらに、丁寧体がこうした意味を帯びることで、それに対立する普通体

は、社会に規定されていない自己を指標するスタイルとしてはたらくようにもなります。

　こうした理解の仕方は、小学校の授業における教師と児童のやりとりの意味を理解する助けにもなります。第1章で取り上げた例1-1において、教師は発表しようとする児童に対し、方言ではなく丁寧体による標準語を用いるように指導していました(2行目)。丁寧体へのスタイルシフトによってここで指標されていたのは、授業という社会的活動を組織する公的役割としての「児童」であったと考えられます(岡本，1997)。

【再掲】例1-1　言いたいことがあるっちゃ
1　いむら：さわだ君とみね君に、なんていうかね、言いたいことがあるっちゃ。
2　教師：　はい。言いたいことがあります。
3　いむら：はい。言いたいことがあります。
4　教師：　はい、いむら君。
　　　　　　　(Anderson(1995, p.236)の事例をもとに、行番号を追加。
　　　　　　　日本語表記はバトラー後藤(2011, p.226)を参照した。)

　では、子どもの用いる丁寧体が、社会的な立場の上下や初対面の人への敬意などを指標し、対者敬語としての機能をもつようになるのはいつ頃なのでしょう。丁寧体のこうした使い方があらわれるようになる過程は、児童期を通してゆっくり進むと考えられています。岡崎・吉村・永田(2015)は、大学生や大学教員が言語能力を評価する対面テストを小学2年生から6年生22名に対して実施した際の会話を対象として、丁寧体と普通体のスタイルシフトの実態を分析しました。その結果、全体的な傾向として明らかになったのは、学年が上がるにつれて丁寧体を使う頻度が増加するということでした。

　丁寧体の使用頻度が高いということは、調査者という大人に対して児童が

一貫して丁寧体を用いていたことを示します。例 6-5 は、一貫して丁寧体を用いていた 6 年生の発話事例です。

例 6-5　夜ご飯を食べたりします
10　T：　　寝るまでのことを教えてください。
11　6A：　えっと、遊びに行くときは、三文日記と
12　　　　かをちょっとだけ、あのー、宿題をして
13　　　　遊びに行きます。
14　6A：　でも遊ばないときは、えっとー、宿題を
15　　　　して、えっとー、早く、終わったら読書
16　　　　とかをします。
17　T：　　あ、そうなんだー。
18　T：　　寝るまであ、ほかに何かする？
19　6A：　あと、夜ご飯を食べたりします。

(岡崎・吉村・永田(2015, p.161)より。原文ママ。T は調査者、6A は児童の学年と ID をあらわす。引用に際して直前 9 行を省略した。)

　一連の会話の中で、調査者は丁寧体と普通体の間でスタイルシフトしていた(10 行目と 17 行目)にもかかわらず、児童は一貫して丁寧体だけを使用していたことが分かります。調査者の行うスタイルシフトは、「調査者」としての公的な社会的役割(丁寧体)と、ひとりの大人としての自己(普通体)との間の、自己呈示の仕方の変化として説明することができるでしょう。一方で児童の丁寧体は話し相手に対する敬意表現として機能していたように思われます。それは、調査者の普通体に対しても丁寧体で返答していたことから解釈が可能です(19 行目)。
　本章では、はたらきの違う複数のスタイルの存在に子どもが気づき、それを会話の中に織り交ぜて使うようになる過程について見てきました。丁寧体というスタイルは遊びの中にも見られる、発達初期から観察されるものです

が、そのはたらきは必ずしも大人の使うそれと同じではありませんでした。また、大人によるその使用も、一般的な敬意の指標としてではなく、公的な自己の呈示として機能していました。ことばの指標的機能によってあらわされることがらは、特定の文脈におかれて初めて解釈できるようになると考えられています(Agha, 1998)。つまり、ある形式をもつスタイルによって指標されるものごとは、あらかじめ決まっているわけではないのです。むしろスタイルは、その発話や状況を解釈する手がかりとしてはたらくと言えるでしょう。

文献

Agha, A.(1998). Stereotypes and registers of honorific language. *Language in Society*, 27, 151–193.

Anderson, F. E.(1995). *Classroom discourse and language socialization in a Japanese elementary-school setting: An ethnographic-linguistic study*. Doctoral Dissertation.

Burdelski, M.(2013). Socializing children to honorifics in Japanese: Identity and stance in interaction. *Multilingua*, 32, 247–273.

バトラー後藤裕子(2011). 学習言語とは何か―教科学習に必要な言語能力―　三省堂

Cook, H. M.(1996). Japanese language socialization: Indexing the modes of self. *Discourse Processes*, 22, 171–197.

Cook, H. M.(1997). The role of the Japanese *masu* form in caregiver-child conversation. *Journal of Pragmatics*, 28, 695–718.

Coupland, N.(2011). The sociolinguistics of style. In R. Mesthrie(Ed). *The Cambridge handbook of sociolinguistics* (pp.138–156). Cambridge: Cambridge University Press.

Fukuda, C.(2005). Children's use of the *masu* form in play scenes. *Journal of Pragmatics*, 37, 1037–1058.

岡本能里子(1997). 教室談話における文体シフトの指標的機能―丁寧体と普通体の使い分け―　日本語学, 16(3), 39–51.

岡崎渉・吉村瑞希・永田良太(2015). 児童による文末スタイルの使い分け―指標性の観点

から―　広島大学大学院教育学研究科紀要　第二部, *64*, 157-165.

シルヴァスティン、M. 小山亘(編)榎本剛士・古山宣洋・小山亘・永井那和(訳)(2009). 記号の思想　現代言語人類学の一軌跡―シルヴァスティン論文集―　三元社

Tannen, D. (1984/2005). *Conversational style: Analyzing talk among friends* (*New Edition*). New York: Oxford University Press.

7章　私はことばでできている
〜語りへの子どもの関与

1　語り手になること

　子どもを見ていますと、大人にとってはなんでもない日々の出来事が、すべて新鮮に映っているのだろうと感じます。言ってみれば毎日がニュースにあふれているのです。そのニュースを自分の中にとどめておく子もいますし、周りの大人にいっしょうけんめい伝えようとしてくれる子もいます。本章では、自分の経験を語る子どものことばの社会化について考えていきます。

　ことばで語ることは、バラバラのビーズのような出来事1つ1つに一本のひもを通していくような作業です。そうしてはじめて、出来事が人々にとって意味のある経験となり、さらには過去から未来への時間的なつながりを理解できるようになります(Labov & Waletzky, 1967)。なお、ここで言う「語り」は、専門用語で「ナラティブ」(narrative)や「ストーリー」と呼ばれるものに相当しますが、あまりこだわらず、ある固有の評価的視点に立ち、出来事の時間的なつながりを一連のことばで表現したもの(Ochs & Capps, 1996)を示す漠然とした概念としておきます。

　子どもは何歳くらいから出来事を語れるようになるのでしょうか。長い間、幼い子どもには語ることが難しいと考えられていました。日常的な話し

ことばが心理学のデータとして扱えるようになった1980年代から研究が進み、もちろん個人差はあるものの、4歳頃までにはある程度まとまった語りができることが分かってきました（内田，1986）。また、語る能力の発達の背後にある、出来事について記憶する能力の変化などが心理学の領域で検討されてきました（内田，1986; Nelson, 1996）。例7-1は、2歳の女の子エミリーが、寝る前の独り言として、日常生活や次の日の予定を語るようすです。すべての2歳児がここまで見事に語れるわけではないでしょうが、出来事を語る能力が早い時期から見られることを示す1つの例だと言えます。

例7-1　エミリーの独り言
あした、私たちがベッドから起きたら、はじめに私で、そしてパパで、そしてママで、あなた、朝ごはんを食べて、朝ごはんを食べて、［いつも］（原文ゴシック）やってるように、そしてそれから。私たちは、あ、そ、ぶ、の。そしてそれからすぐにパパが来るので、Carlが来て、そしてそれからちょっとあそぶの。そしてそれから、CarlとEmilyはふたりともだれかといっしょに車のところに行って、そして／私たちは保育園まで乗っていくの…

　　　　　（Nelson (1996, p.196)、日本語訳はブルーナー (1999, p.131) より。）

　本章では、子どもと語りをめぐるこれまでの研究から、次の2点について見ていきます。第一が「ともに語る」、すなわち子どもも語り手の一人として周囲の人々とともに1つの話題を語ることについてです。第二が「語られる」、すなわち人々が子どもを語りの素材として語り合うことについてです。しかし子どもは、不本意な語られ方に甘んじるだけでなく、それに対する抵抗もしています（Ochs & Tayler, 1992）。

2　ともに語る子ども

　語りはさまざまな構成要素から成り立っています。私たちは一から語りを創造するのではなく、社会や文化に共有された語るための道具立てから素材を選び出し、組み立て直しているのです。例えば、「むかしむかし」とつぶやけば、それは物語が始まる合図となります。また、「それから」や「でも」などのさまざまな語彙を駆使して、出来事の時間的な展開や語り手による評価を表すことができます。さらに、イントネーションや声色など音声的側面も重要な素材となります。

　語るためのこうした素材を子どもが手に入れるためには、いくつかのステップがあるように思われます。まずは、周りの人が語るのを聞く必要があります。次に、誰かと一緒にある話題について語り合うことを通して、その話題に付随してあらわれる語りの素材の使い方を知るとともに、実際に自分でも使うようになります。最終的に、それらの素材を自発的に組み合わせて独自に語るようになります。

　このとき重要なのは、子どもの語る力の不十分さを補完して共同で1つの語りを作り出す周囲の者の存在です。例えば、例7-1の2歳の女の子の話した別の独り言を細かく分析してみると、寝床でひとりになる前に父親としていたおしゃべりで話した話題やそこで用いられた単語がその中で繰り返されていました (Dore, 1989/2006)。それらの単語が独り言の中で使われることによって、そこに時系列性、規範性、見通し性といった特性が与えられ、日常の経験に固有の意味が与えられます(ブルーナー，1999)。ここで、時系列性とは、「たとえば」「というのはね」といった単語を用いて、出来事を順序立てて語ることです。規範性とは、「ときどき」「しなきゃいけない」といった単語を用いて、通常のこととそれ以外のこととを区別して語ることです。見通し性とは、「思うに」「たぶん」といった単語を用いて、出来事の客観的な説明の中に自分の意識を加えていくことです。これらの単語やその使い方は、すべてではないにせよ、過去の出来事や未来の予定を父親と

ともに語る中で女の子が出会ったものでした。

　ともに語る大人は、子どもの語りの組み立てを修正したり、より豊かな内容へと広げるのを手伝ったりする役割も果たします。例7–2は、保育園からの帰りの車の中で、5歳の女の子が保育園を休んだ子を母親に知らせるのをきっかけとして始まった会話です。

例 7–2　ずっとまえね

1　子：ずっとまえね　こんなときが　あった　まちだ　みなちゃん　おなか　いたいから(うん)まちだ　みなちゃんの　おかあさんが　むりやり(うん)ね　うんと　かえろうって　いっても　ね(うん)まちだ　みなちゃんは(うん)ほいくえんに　いきたいって　いってたんだよ(ふーん)いわないでね(うん)せんせいも　しってんだから(うん)

2　母：だってさ　みなだってさ　こないだ　おかあさんが　せきがでるから　やすめって　いったとき　いくーいくーいくーって//おひるねまえに　むかえにきてっていって　むかえに　いったとき

3　子：ほいくえんから　ほいくえんきてから(うん)まちだ　みなちゃん　ないたんだかんね

4　母：ほいくえんに　いってからね　みなは　おうちに　いっときだもんね(1秒)ほいくえん　たのしいんだよ　きっと　だからだよ　まちだ　みなちゃん

5　子：みなもだよ(うん)みなを　わすれんなっつうに

6　母：うん　うちの　みなも　ほいくえん//だいすきでしょ

　　　　　　　　（小松(2006, p.122)より。カッコ内は1秒以上の休止、または あいづちなど短い発話を示す。1秒以下の短い休止は//で示されている。引用に際して直前の20行を省略し、行番号を追加。）

　例7–2で母親が行ったのは、ひとりではできなかったと思われる自他の比較に子どもをうながすことだったと考えられます(小松, 2006)。1行目を

読むと分かるように、子どもはクラスメイトをめぐる過去の出来事を流暢に語ることができていました。注目したいのは2行目の母親の発話です。ここで彼女は、子どもが過去に行ったことの中から1行目の内容と似た出来事に触れました（「みなだってさ　こないだ」）。これをきっかけに、3行目から子どもは母親とともに自分と他者を比較しはじめます。このように大人は、ともに語ることを通して、子どもの語り方の幅を広げているものと思われます。

3　語られる子ども

　子どもは語り手であるよりも、登場人物として誰かに語られることの方がむしろ多いかもしれません。それはもちろん、周囲の大人が育児という実践を行っているためにほかなりません。つまり育児実践に携わる大人たちは、ある意味では子どもを「見張っている」のであって、子どもに関する情報を語りあうのはそうした実践の一部だと言えます。分かりやすい例として、保育所で保育士が預かっていた子どもの様子を迎えに来た親に伝える語りなどがあるでしょう。

　ここで重要なのは、大人たちが自分について語るのを子どもは聞いている、という点です。前節で見たように子どもにとって周囲の人々の語りは自分が語る際の素材となるのだとすると、子どもは自分で自分を語るまさにそのやり方を、自分について語る他者から手に入れることとなります。ややこしいですが、簡潔に言い換えると、子どもは他者の手を借りて自分を語るのです。

　そうだとすると、子どもを語るやり方が異なると、子どもが自分を語るやり方にもバリエーションが生まれると考えられます。実際に、大人が子どもを語るやり方には文化差が指摘できます。ペギー・ミラーたちは、シカゴと台北という遠く離れた2つの地域に住む数組の親子の家庭内に入り込み、そこでの会話を観察しました（Miller, Fung & Mintz, 1996; Miller, Wiley, Fung

& Liang, 1997)。調査で焦点の当てられた子どもは平均しておよそ2歳半で、参加した家庭は地域の中では相対的に裕福な階層だったようです。

　2つの文化圏を比較すると、共通点もありました。どちらの地域でも、対象児がいる目の前で、その子をめぐる過去の出来事を家族で語り合うことを行っていましたし、対象児を登場させる頻度が1時間におよそ4回というのも共通でした。

　ミラーたちが注目した違いは、子どもが過去にしでかした「悪いこと」の語り方です。結論から言えば、シカゴでは子どもの「悪事」がほとんど語られないうえ、語るとしてもそれは大人たちの会話の楽しい話題として扱われていたのに対し、台北ではシカゴよりも頻繁に「悪事」が語られ、しかもそれは子どもへの「しつけ」という文脈で持ち出されていました（Miller, et al., 1996; 1997）。次の2つの事例を比べてみましょう。例7–3は台北の家庭、例7–4はシカゴの家庭で交わされた会話です。対象児は、それぞれ2歳の男の子と2歳の女の子です。

例7–3　なんでシールくれないの？

1　母　　：（対象児を見ながら）ああ、その日はママたちがいっしょだったね（姉の背中をポンとたたきながら）、お姉ちゃんの音楽教室に行ったっけ。楽しかった？
2　対象児：楽しかったよ。
3　母　　：何かもらえなかったんだよね？
4　対象児：うん、シールがもらえなかった。
5　母　　：シールがもらえなかったっけ、そしたら、どうなったの？
6　対象児：ぼく泣いたの。
7　姉　　：大きな声でね、「ワー、ワー、ワー！」
8　母　　：あれ、泣いたんだっけ？ああ、ずっとこんな感じだったね。「ワー、（手を小刻みに動かしながら目をこする身振りをともなって）なんでシールくれないの？（鼻をすする真似）なんでく

れないの？（鼻をすする真似）なんで？」
9　対象児：（対象児は読んでいた本から目を上げて母親に目を向ける。ほほえんで、再び本に目を落とす）
10　姉　　：（母親に）そうそう、「なんでくれないの？」って（手をたたく）
11　母　　：（対象児に）シール。（ため息）あーあ、ママ恥ずかしくなっちゃった。だから、だから、穴があったら入りたかったんだよ？（ほほえみ、首を振って、再びほほえむ）
12　対象児：（絵本を指さして何か言うが、聞き取れない）
13　姉　　：倒れたくなっちゃいそうだった。ママは倒れちゃいそうだったの。

(Miller, et al.(1996, p.251)より。引用に際して行番号を追加し、一部改変した。日本語訳は筆者による。)

例7-4　カギだよ！

1　母　　：（対象児に）ダイニングルームの壁に何を使ってお絵かきしたかジュディに教えてあげた？
2　対象児：あ…カギ。
3　調査者：（対象児に）ダイニングルームの壁に？
4　母　　：カギでね、鉛筆じゃなかったの。
5　調査者：（母に）それはすてきだったでしょうね。
6　母　　：カギ、カギの先っちょ。
7　姉　　：リビングのイスの後ろも。
8　母　　：ちょっとうとうとしながら、何かしてるなって見てたの。鉛筆だと思ったんだけど。起きてから言ったの（ささやき声で）「モル、鉛筆でママのお部屋の壁に何か書いてないでしょうね？」、うん、そしたらすごく安心して、「そうだよ！あたち鉛筆で書いてないよ、カギだよ！」って言ったの。びっくりして、「ええ！カギじゃないの！」って言ったら、「違う、違う、

カギで書いたのあたちじゃない、ママ、カーラだよ」って。もう余計に腹が立って。
9　姉　　：わたし、やってるところは見てない！
10　母　　：でもおもしろいね、あなたがこの子を見たら、「鉛筆で書いてない」って。
11　調査者：そう、それですっかり分かった。
12　母　　：そうなの。
13　姉　　：見てなかったよ、学校にいたんだから。

(Miller, et al. (1996, p.260) より。引用に際して行番号を追加し、一部改変した。日本語訳は筆者による。)

　2つの会話を比べると分かるように、子どもの過去の「悪事」の扱われ方が、2つの文化圏で大きく異なっています。一方で、台北の家庭では、男の子がシールをほしがったことを母親と姉は「恥ずかしいこと」とからかっています。つまり母親は、過去の出来事の語りを通して、子どもを再びしつけていたと言えます。他方でシカゴの家庭では、女の子が壁をカギでひっかいたことについて話題にしているのですが、語りの場では子どもをとがめてはいませんでした。シカゴで調査をした家庭全体に見られる傾向として、家族は子どもの「悪事」を「悪事」として取り上げないようにしていたことが指摘されています。親が自分をどのように語るのか、子どもはその場にいて聞いていますし、ときにはともに語ります。このように語り語られる経験から、子どもは自分で自分を語る際の素材を手に入れる際に、語りの文化の違いに応じて、「悪いことをして怒られる自分」という素材を習得するのか、それとも「悪いことをしても認められる自分」という素材を習得するのかという違いが生じてくるように思われます。この問題は、成長してからの自尊心 (self-esteem) の文化間の違いとも関係するのかもしれません。
　最後に、もう1つ指摘しておきたいのは、子どもはいつまでも語られるだけの存在ではなく、親の語り方に抵抗しようともしている、という点で

す。家族がそろう夕食時におけるその日の出来事などについての語りを分析したOchs & Tayler(1992)は、その語りの中に家族の行動についてのあからさまな、あるいは暗黙的な評価が含まれていたことを示しました。そうした場での子どもはどうしても評価の対象となりがちです。しかしその評価は、あくまでも他の家族の視点から構成されたものです。彼女たちの調査対象となった学童期の子どもたちの中は、家族からの語りに対して、はぐらかしたりテーブルを離れたりなど、抵抗していた子もいたようです。

　本章全体をここでまとめてみましょう。語りとは、時間や評価といった観点から出来事に構造を与えるいとなみです。子どもは、自分なりに出来事に意味を与えるための素材を周囲の人々の語りから手に入れていきます。大人もまた、子どもがより精緻化された語りができるようにさまざまな形で支援をしています。ただ、この点は見方を変えれば、素材の違いによって自分の経験の意味づけ方が変わってくるということでもあります。社会や文化が語りを媒介として自己認識に影響する可能性を指摘することができるでしょう。

文献

ブルーナー、J. 岡本夏木・仲渡一美・吉村啓子(訳)(1999). 意味の復権　ミネルヴァ書房

Dore, J.(1989/2006). Monologue as reenvoicement of dialogue. In K. Nelson(Ed.), *Narratives from the crib* (pp.231–260). Cambridge, MA: Harvard University Press.

小松孝至(2006). 母子の会話の中で構成される幼児の自己―「自己と他者との関連づけ」に着目した1事例の縦断的検討―　発達心理学研究, *17*, 115–125.

Labov, W., & Waletzky, J.(1967). Narrative analysis: Oral versions of personal experience. In J. Helm(Ed.), *Essays on the verbal visual arts: Proceedings of the 1996 Annual Spring Meeting of the American Ethnological Society* (pp.12–44). Seattle, WA: University of Washington Press.

Miller, P. J., Fung, H., & Mintz, J.(1996). Self-construction through narrative practices: A Chinese and American comparison of early socialization. *Ethos*, *24*, 237–280.

Miller, P. J., Wiley, A. R., Fung, H., & Liang, C. -H. (1997). Personal storytelling as a medium of socialization in Chinese and American families. *Child Development, 68*, 557–568.

Nelson, K. (1996). *Language in cognitive development: The emergence of the mediated mind.* Cambridge: Cambridge University Press.

Ochs, E., & Capps, L. (1996). Narrating the self. *Annual Review of Anthropology, 25*, 19–43.

Ochs, E., & Taylor, C. (1992). Family narrative as political activity. *Discourse & Society, 3*, 301–340.

内田伸子(1986). ごっこからファンタジーへ　新曜社

8章　小さな文化を創り出す
～ピアトークの意義とは

1　二重の機会を持つ場としてのピアトーク

　本章では、子どもたちだけで組織された集団における会話を通して起こる社会的秩序の形成と習得について見ていきます。子ども同士による会話は、しばしば「ピアトーク」(peer talk)と呼ばれます。ことばの社会化という点で見ると、ピアトークにはどのような意義があるのでしょう。

　子ども集団には、大人の社会秩序に支えられながらも、それとは明確に区別される独自の秩序や価値観が存在しています。それは「仲間同士のやりとりにおいて作られたり共有されたりする」(Corsaro, 1992, p.162)もので、「安定したひとまとまりの活動、ルーティン、人工物、価値、関心」(ibid.)を含みます。社会学者のウィリアム・コルサロはこれを「仲間文化」(peer culture)と呼びました。

　ことばの社会化過程におけるピアトークの意義として少なくとも2つの点を挙げることができます。第一に、ピアトークを通して大人の社会の秩序とは明確に区別される仲間文化が協働的に作り上げられます。第二に、大人からは学ぶことのないことばやその使い方を子どもたちはそこで学ぶこともできます。ブルーム＝クルカたちはこれら2つの出来事が同時に起こる機会という意味で、ピアトークを「二重の機会をもつ場」(double opportunity space）と呼びました（Blum-Kulka, Huck-Taglicht & Avni, 2004）。

　二重の機会とはどのようなことか、子ども同士の遊びにおける「仲間入り」を例に詳しく見ていきましょう。公園や保育園、幼稚園など、たくさんの子どもが集まる場所では集団遊びが始まります。すでに始まっている遊びに途中から入るとき、多くの子どもは例8–1に見られるようなやり方をとります。例8–1は、東京の私立幼稚園4歳児クラスで観察された遊び場面で、「ゆり」と「べにお」という2人の女の子がごっこ遊びをしていたところに、「めぐ」という女の子が入っていきます。

例8–1　いれて、いいよ

1	めぐ：	ね、いれて
2	ゆり・べにお：	いいよ
3	ゆり：	だけど、お客さんになってくれる？
4	めぐ：	なるよ
5	ゆり：	じゃ、いれてあげる
6	べにお：	ピンポンして
7	ゆり：	ピンポンして
8	めぐ：	じゃ、ぴんぽん

　（倉持(1994, p.142)より。引用に際して行番号を追加し、一部改変した。）

　この事例には2つのポイントがあります。1つは、仲間入りの仕方です。めぐが「いれて」と言い、すでに遊びを始めていた2人は「いいよ」と応答しました。このやりとりは、第4章で述べた「ルーティン」の一種だと言えます。幼い子どもはこのルーティンを養育者や保育者から教えてもらったり、年上のきょうだいなどが実際に使うのを見たりして覚えていきます。

　もう1つのポイントは、それまでの遊びの流れに沿った役割がめぐに与えられている点です。遊びをすでに開始していた子どもたちは、モノの見立て方や役割分担、ルールなど、自分たちなりの遊びの秩序をその場の状況に

応じて作り出しています。例8-1に見られたのは、遊びの秩序を壊さないように遊びの輪に入る方法を教えるやりとりだったと言えます。

　すべての子どもがうまく仲間入りできるわけではありません。仲のよい子どもたちだけで遊びが行われていると、ほかの子が入れない場合もあります。例8-2は、広島市内にある保育園の年長児クラスでの自由遊び場面で見られた事例です。「ともや」、「あい」、「まさこ」の3人が泥を使ったままごと遊びをしていたところに、「ももこ」が仲間入りしようとしています。

例8-2　ドラゴンボールZよ

1	ももこ：	（ままごとをしばらく眺めてから）よーしーて。
2	あい：	えー、どうしよっかー？（水を汲んで戻ってきたともやに）ももちゃん、よしていーい？
3	ともや：	いいよ。ドラゴンボールZよ。
4	ももこ：	えっ？
5	ともや：	ドラゴンボールZ。
6	あい：	そうよ。
7	ももこ：	あ、じゃあ、やらん。
8	ともや、あい：	（顔を見合わせて笑う）
9	あい：	ね、やっぱり。（ソフトクリームをともやに渡しながら）大きいの作る？

　　（青井(1995, p.16)より。引用に際してはじめの3行を省略し、行番号を
　　　追加。なお、「よして」は「仲間に入れて」という意味の広島の方言。）

　これらの例で、子どもたちは日常生活で手に入れた言語的な素材を用いて集団での活動を組織していました。「いれて」「いいよ」というルーティンに加えて、子どもたちは状況に応じたことばによる工夫を行い、仲間を加えて遊びを豊かにしたり、限定的な仲間関係だけで濃密な時間を過ごそうとしたりしていました。例8-1の「お客さん」(3行目)、「ピンポンして」(6、7行

目)や例8–2の「ドラゴンボールZ」(3、5行目)は、いずれもはじめは大人が提供し、子どもが習得したことばだと思われます。子どもたちはこれらを巧みに用いて遊び集団の拡張や維持を行っていたのです。

このように、ピアトークには仲間関係や仲間文化の構築という側面と、それを可能にするためのことばの使い方の習得と実践という側面の2つが同時に存在しています。

2 「いざこざ」をどう見るか？〜大きな文化と小さな文化のせめぎあい

大人と子どもの間には、圧倒的に強い大人と様々な面で弱い子どもという固定された非対称性があります。しかし、子どもたちの間にはあらかじめ決められた関係の非対称性はありません。子ども同士の対等性を背景として起こるやりとりの代表的なものが、「いざこざ」(conflict)です。いざこざのような問題が子ども集団内に起きた場合、子どもたちは会話を通してそれに対処しますが、そこではどのようなことが起きているのでしょう。例8–3は、幼稚園年長クラスの子どもたちがレストランごっこを始めようと飾り付けをしていたところ、植木鉢を置こうとしていた場面です。

例8–3　先生に言いつけるからね
1　A：ちょっと待ってよ、はい、うーん、大丈夫、私が置く、いいのいいの、いちいち言わなくても、(植木鉢をAに渡そうとしない)
2　B：だって、私、持ってきたんだもん。Aちゃん、言わなくていいんだから、先生に言いつけるからね、Aちゃん
3　A：わーBちゃん、このほうがいいんじゃない、Bちゃんこの方がいいかも。
4　B：おいて、並べてみてよ。
5　A：うん、おくね(二人で植木鉢を並べる)

（倉持(1992, p.5)より。引用に際して行番号を追加した。）

　例8-3は、幼稚園や保育所で多く見られる、ものをめぐるいざこざの例です。「誰が植木鉢を置くか」に関してAとBの間で発生したいざこざ(1、2行目)から、それを解消するための2つの方略を見て取れます。1つは、いざこざの相手の行為を幼稚園という社会の秩序に違反するものだと訴える方略です。2行目でBは「先生に言いつけるからね」と言っていますが、これは「先生に判断してもらえば相手の行為が園の秩序に違反していることが分かる」という意味での「おどし」だと考えられます。もう1つは、同じく2行目のBの発話にある「私、持ってきたんだもん」に見られるように、人より先に使っていたことを理由とする方略です。この「先取り方略」（倉持，1992）は子どもたちの集団ではしばしば採用されるものです。その前提には「ものを先に占有した人が使えるという原則を尊重すべき」という価値観（山本，1991）があるものと思われます。このように、子どもたちはいざこざを通して仲間文化を作りあげるとともに、「先生に言いつける」などの交渉のための表現の巧みな使い方を学んでいるのです。

　実際に子どもが言いつけるかどうかはともかく、保育者や教師からすると、子ども同士のいざこざは介入を必要とする出来事でしょう。それがエスカレートすると、一方の子どもがケガをしたりするかもしれないからです。安全を保証するという役目をもつ大人にとって、子どもが納得するようにいざこざをやめさせることは重要です。

　しかし、当の子どもにとってはどうなのでしょう。大人が出てきたからと言って、すんなりと納得できるのでしょうか。例8-3の幼児のように、先生などの権威を利用して相手に優位な立場をとろうとすることはあるでしょう。その一方で、子どもは子どもなりの仕方でいざこざに関与しています。

　つまり、いざこざという出来事には、大人の属する「大きな文化」の秩序と、子どもが作る、いわば「小さな文化」の秩序とがせめぎあっているのです。最後に、これら2つの文化が対立的に現れている様子を見てみましょ

う。

　例8–4は、オーストラリアのある都市の保育所で起きた自由遊び場面です。登場するのは4歳の「デビッド」、3歳の「ジョン」、「コリン」、「アンドリュー」、もうすぐ3歳になる「コーネル」です。棚に収められた大きな積み木のあるコーナーで、コーネルは積み木に乗ってジョンと背比べをしていました。ちょっと長いやりとりですが、じっくりと読んでみてください。

例8–4　ぎゅってしてあげる？ vs ジョークだよ

12　コーネル：そしたらぼくの方が大きい
13　デビッド：ちがう、ぶんなぐるぞ（　）((デビッドが拳をふる、コーネルはデビッドの方に顔を向ける))
　　　　　　　(中略)
24　ジョン：　それから、それから、あいつにおしっこひっかけて((コーネルを指さし))で、で、おまわりさんが(つかまえ)ちゃうよ
25　デビッド：そう、そんで、おまえは((コーネルを指さし))牢屋に入るの、ブルンブルン［ブルン((デビッドは車のエンジン音のマネを始め、コーネルの顔のすぐそばで手を打ち鳴らし、飛び跳ねて、歌のような高い声を出す))］
26　コーネル：((泣き始める))［いやだー、いやだー］((デビッドに))ママとパパとおうちに帰りたい((コーネルが泣いていると先生が来て、そちらをちらりと見る))
27　先生：　　((デビッドに触れながら))デビッド、コーネルはどうしたの、((コーネルは大声で泣き続けている。先生とジョンをちらりと見る。ジョンはまだそばに立っていて、いまは小さなプラスチックの車をコーネルの方に向けて揺らしている))
28　デビッド：((コーネルから目を離して先生に向き直るが、目はブロックの棚に向いており、ブロックを触っている))＝ぼくたち、あいつと話をしてただけだよ((ジョンはその様子を少

8章　小さな文化を創り出す　73

し離れたところからうかがっている))

29　先生：　そう、なんだかとっても悲しそうだけど。お顔を見てごらん。((コーネルは口を大きく開けてもっと大きな声でわあわあ泣きそうな様子。))(1.0)楽しそうなお顔？((デビッドは先生の方を見上げる))さあ、気持ちを楽にしてあげてくれる？

30　デビッド：((デビッドはブロックの棚の一番下の棚の上に立ち、教師とコーネルの間で揺れ出した。コーネルはさらに大きな声で泣いている))

31　先生：　だめでしょ((デビッドの腕をひいて床に降ろし、コーネルのそばに立たせる))こっちに来て気持ちを楽にしてあげてちょうだい。((デビッドはとりあえずコーネルの腰に手を置く。コーネルはいまは静かに泣いている))気持ちを楽にするにはどうするの？((アンドリューがちらりと見る))

32　デビッド：ぎゅってしてあげる？

33　先生：　そう、いいね、ぎゅってしてあげて。((デビッドはさっと体を寄せてコーネルの体に腕をまわす))(そうしたら)ほかに、何て言って気持ちを楽にしてあげられる？

34　デビッド：(　)((短く))

35　先生：　気持ちが楽になった、コーネル？((コーネルは頭を横に振って泣き続ける))ティッシュを持ってこようか、涙ふいてあげる？((先生はティッシュを持ってくるためにその場を離れる))

36　ジョン：　((歩いて近づいてきてプラスチックの車をコーネルの体に向けて揺する))

37　デビッド：((コーネルはまだ静かに泣いている。デビッドは向こうへ行く先生の方を見つめ、それからコーネルのあごの下に指をそっとはわせ、やさしくなだめるように話す。そばで遊んでいたアンドリューが、コーネルの横に立ちデビッドを

見る))( ) ジョークだよ((ジョンの方を向いて))( )
ジョーク
38 先生： ((先生が戻ってくる。コーネルはさらに大きな声で泣き出す。先生はコーネルの鼻を拭く))ティッシュできれいに拭けた？
39 デビッド：((先生に))からかってただけだよ
40 先生： さて(1.0)そうなの、たぶんからかわれるのは好きじゃないんじゃない、デビッド。そう思わなかった？
41 デビッド：うん、［からかってただけ］
42 先生： ［あなたはいいの、コーネル。］((コーネルの頭をなでる。コーネルは泣きやみ、教師のもとから離れ、ブロックのあるエリアの隅へ歩いていく))もう大丈夫。ブロックで何か作るの？(後略)

(Danby & Baker(1998, pp.165–168)より。
日本語訳は筆者と岩田みちる氏(北海道大学大学院教育学院)による。
( )は、聞き取りが難しく正確な書き起こしではないことや、沈黙の秒数を、(( ))は動作などの情報を、
［ ］は発話の重複箇所をそれぞれ示す。)

例8–4を説明しましょう。デビッドとジョンからことばによる攻撃を受けたコーネルが泣き出したところ(26行目)から女性保育者(先生)による介入が始まりました。彼女がデビッドに提案したのはコーネルを「気持ちを楽にする」(make him feel better)で、それに対してデビッドは「ぎゅっとしてあげる」(give him a cuddle)ことを提案しました。保育者の想定からすると、この行為は一種の「手打ち」となるはずでした。実際にデビッドはそれを受け入れて抱きつきますが、コーネルはそれでは満足していません(35行目)。その後で見られたのは、子どもたち自身による事態の説明の仕方と「手打ち」の仕方です。39行目でデビッドは「からかっていただけ」(just tricking)だと保育者に説明し、さらにコーネルに対しては指を彼のあごの下に置いて「ジョークだよ」と発話しました。

　まとめると、この場面では、保育者による事態の意味づけやその解決方法の提示がなされるとともに、子どもたち自身による事態の意味づけや対立解消の方法が提示されました。つまり、大人の文化と子どもの文化のそれぞれを背景とした言語実践が続けざまに行われていたと言えるでしょう。しかも、最年少のコーネルはこの保育所に入ったばかりであり、彼はこれら2つの文化に同時に直面していたのです。

　2つの文化のこのようなせめぎ合いは、いざこざだけに起こるものではなく、おそらくはさまざまなピアトークに見られるものです。例えば、前節で挙げた例8–2では、仲間入りが巧みに拒否されていました。例8–2を見ると、男児は仲間入りの呼びかけに「いいよ」と肯定的に応答していましたが、すぐに、それまでの遊びとは関係のないテレビアニメを話題に挙げました。仲間入りしようとした女児はそのアニメを素材とした遊びをしたくなかったために、仲間に入るのを自発的にやめてしまったのです。もしも保育者がこの場面に遭遇したら、子どもたちに「仲間に入れてあげたら」と声をかけたくなるかもしれません。それは「みんなで仲よく遊ぶ」という社会的規範を子どもに形成したいためでしょう。この事例で男児が行っていたのは、こうした大人の規範に沿った行為を示しつつも、現在のメンバーだけで遊びたいという自分たちの欲求を満たそうとする巧みな言語的行為だったと言えます。

　しばしば大人は、自分たちから見て適切な社会的規範を子どもの集団に求めます。しかし、子ども集団が実際に形成されていく場面を見ると、大人が教えないやり方も用いられていました。すると、大人の秩序にしたがうようになる途上の未熟なものとしてピアトークをとらえるのは適切ではないでしょう(Cekaite, Bulm-Kulka, Grøver & Teubal, 2014)。むしろ、子どもたちが互いに協働してどのような子ども社会・小さな文化を能動的に作ろうとしているのかに注目する必要がありますし、そのためには実際の子どもの世界

をつぶさに見る必要があるのです(Goodwin & Kyratzis, 2011)。

文献

青井倫子(1995). 仲間入り場面における幼児の集団調節―「みんないっしょに仲よく遊ぶ」という規範のもとで― 子ども社会研究, *1*, 14–26.

Blum-Kulka, S., Huck-Taglicht, D., & Avni, H.(2004). The social and discursive spectrum of peer talk. *Discourse Studies*, *6*, 307–328.

Cekaite, A., Blum-Kulka, S., Grøver, V., & Teubal, E.(Eds.) (2014). *Children's peer talk: Learning from each other*. Cambridge: Cambridge University Press.

Corsaro, W. A.(1992). Interpretive reproduction in children's peer cultures. *Social Psychology Quarterly*, *55*, 160–177.

Danby, S., & Baker, C.(1998). "What's the problem?": Restoring social order in the preschool classroom. In I. Hutchby & J. Moran-Ellis(Eds.), *Children and social competence: Arenas of action*(pp.157–186). London: Falmer Press.

Goodwin, M. H., & Kyratzis, A.(2011). Peer language socialization. In A. Duranti, E. Ochs & B. B. Schieffelin(Eds.), *The handbook of language socialization*(pp.365–390). Malden, MA: Wiley-Blackwell.

倉持清美(1992). 幼稚園の中のものをめぐる子ども同士のいざこざ―いざこざで使用される方略と子ども同士の関係― 発達心理学研究, *3*, 1–8.

倉持清美(1994). 就学前児の遊び集団への仲間入り過程 発達心理学研究, *5*, 137–144.

山本登志哉(1991). 幼児期に於ける『先占の尊重』原則の形成とその機能―所有の個体発生をめぐって― 教育心理学研究, *39*, 122–132.

9章　女の子が下品なことばを言うのはダメなのか
～ジェンダー実践と言語イデオロギー

1　ことばの社会化と言語イデオロギー

　ことばの使い手として社会に適応するためには、「適切な」ことばを習得するだけでなく、「不適切な」ことば遣いがどのようなものかを知ることも必要です。不適切なことばの典型として「下品なことば」について考えてみましょう。

　家庭や幼稚園で幼児が「おならプー」などの下ネタを言い、自分でゲラゲラ笑ったり周りを笑わせようとしたりすることがあります。我が子が「下品なことば」を使うかどうかを養育者に尋ねた富田・藤野(2016)によれば、男児・女児ともに下ネタを言うようです。それを言う子どもに対してどのような態度を取るのかについて尋ねたところ、177名の回答者のうち、半数以上が「そのうちやめるだろう」など寛容な態度をとるとしました。一方で、やめさせるように厳格な態度を取るとした人も一定程度(60名)いました。

　さて、厳格な態度を回答した人にその理由を挙げてもらったところ、「恥ずかしい」「周りを不快にさせる」といった「下品さ」そのものが理由の上位に挙げられる中で、「女の子だから」という理由も見られました(富田・藤野, 2016, p.166)。

　なぜ、女の子が言うと不適切なのでしょうか？　そこには合理的な理由は

ないでしょう。「おならプー」が下品かどうか、また、性別によってその使用が許されるかどうかは、ひとえに倫理的な問題です。ただ、合理的な根拠がないからこそ、いったんある考え方が「当然だ」と受け入れられ、習得されるとそれを変えるのは難しくなります。

　子どもは、語彙や文法など言語的なことがらを習得する過程で、同時に、そうしたことがらがその社会や文化でもつ意味や価値についても知ることとなります。ことばの意味や価値の背景には、文化的な前提や、社会内の対立構造に由来する偏見などに関する一群の信念が存在しており、それがことばの実際の使い方や習得の仕方に影響を与えるのです。この一群の信念は「言語イデオロギー」(language ideology) と呼ばれます(Riley, 2011; Silverstein, 1979; Woolard & Schieffelin, 1994)。先ほどまで議論してきたのは、ことばの適切さと使用者の性との関係性についての言語イデオロギーについての問題だったと言えるでしょう。

　この概念を用いた研究の中には、社会の中の不平等や抑圧的な関係性をことばの面から批判的に検討しようとするものが多々あります(Woolard & Schieffelin, 1994)。男の子の下品なことばの使用が許されて女の子はそうでないなら、そこには不平等を見て取ることができるでしょう。こうした見過ごしてしまいがちな日常のささいなコミュニケーションこそが、社会的な不平等や階層があたかも「がっちりと存在する」かのように思わせるものなのです(Ochs, 1992)。

　本章の残りの部分では、上で述べたような性別にまつわる言語イデオロギーへの／による社会化過程について述べていきます。よく知られているように、性は生物学的な概念であると同時に、社会学的な概念でもあります。私たちの社会は性という概念に沿って秩序立っており、そのため、自分や他人の性について意識的に（あるいは無意識的に）気にしながら私たちは生活しているというわけです。このような社会学的概念としての性を「ジェンダー」(gender) と呼びます。次の節では子どもたちによる集団形成とジェンダーとの関係について、最後の節では日本語における「自称詞」の使い方の

幼児期から思春期にわたる変化を例に言語イデオロギーの変容について述べていきます。

2 ジェンダーと仲間文化

　ジェンダー言語イデオロギーの形成のされ方は詳しくは明らかになっていませんが、少なくとも2つの過程が含まれると思われます。1つは、ジェンダーとものごととの結びつきに気がつくこと、もう1つは、ものごとを介してジェンダーと結びついたことばを使って社会を組織したり、社会的な活動に参加したりすることです。

　Ochs(1992)は、ことばの諸要素とジェンダーとの間に態度や活動といった媒介項を置いたモデルを提案しました。要するに、ことばそのものが男性的・女性的なのではなく、ことばの諸要素と結びついた態度や活動などのものごとが特定のジェンダーに結びついているために、そのことばが男性的・女性的な意味合いを帯びるというわけです。例えば第1章で挙げた「かわいい」「かっこいい」のような表現は、語彙が指標する小ささや強さといった様子を媒介として女性性や男性性を指標すると説明できます。

　ことば－ものごと(媒介項)－ジェンダーという3つの事項の結びつきが作られるのは子どもの生活の中においてでしょう。そこには、ジェンダーに対応したモノや活動がふんだんに用意されています。服装やキャラクターグッズは「男の子／女の子向け」に分けられて用意されていますし、サッカーや乗り物は男の子、おままごとは女の子といったように遊びなどの活動もゆるやかに男女別になっています。

　幼児はジェンダーとモノや活動との結びつきについてすでに自覚しています(藤田, 2009)。例9-1は、ある幼稚園において運動会の練習時間中に、チエコ(女児)とヨシオ(男児)という2人の年長児がふざけあって始まったけんかで起きた会話です。ここで起きていたのは、「男の子／女の子は、○○すべき／すべきでない」という形でのジェンダーとものごととの結びつきに

関することばによる意味の交渉です。こうした会話を積み重ねていくことで、「キティちゃん」ということばやキャラそのものが「女の子らしさ」と結びつきを作っていく(逆に、「男の子らしさ」から切り離される)ものと思われます。

例 9-1　男の子がキティちゃん持つなんて
チエコ：泣き虫
ヨシオ：おまえだって髪へんじゃないか
チエコ：男の子がキティちゃん持つなんて
ヨシオ：女の子だって
チエコ：女の子はキティちゃん持つんよ

(藤田(2004a, p.341)より。)

　もう1つ、例 9-1 の会話で興味深いのは、ジェンダーとものごとの結びつきが仲間同士の「いざこざ」のネタに利用されていた点です。ここでの2人は関係を調節する上でジェンダーを素材として用いていたとも言えるでしょう。実際のところ、多くの場面で子どもたちは、ジェンダーと結びついたものごとやことばを用いて仲間集団を組織したり、仲間文化を作り出したりしています。こうした過程もまた、ジェンダーとことばの結びつきを強固にするのに貢献していると考えられています。

　子どもたちの日常生活、特に遊び場面を見ていますと、性別に応じて集団が形成されていることが多いのに気づきます。実際に、幼稚園では年齢が上がるにつれて男女混合の集団遊びが減少する傾向があり(藤田、2004b)、小学校以降も放課後の児童クラブなどでは多くの遊びが男女別で行われるようです(片田、2010)。しかもこの傾向は大人の指導によるものではなく、自然に分かれてしまうようです。例えば、男の子の集団にカードゲームがはやると、その集団に参加するにはそのカードを手に入れることが必要になります。このようにして、性別ごとの集団間にそれぞれ独自の仲間文化が誕生し

ます。遊び方が違えばコミュニケーションの仕方も変わってくるでしょう。このようにしてジェンダーに結びついたことば遣いは集団を作るのに用いられるのと同時に、集団に参加するために特定のことば遣いが習得されると考えることができます。

　上のような説明の仕方は「分離世界仮説」と呼ばれ、ジェンダーによることば遣いの違いの発生についての有力な考え方でした。しかし、実際の子どもたちの遊びを観察してみると、集団は男女に分かれていてもことば遣いはジェンダーとの結びつきを超えているのです(Kyratzis & Cook-Gumperz, 2008)。

　例えば、遊びの中で対立が起きたときの男女の違いを想像してみましょう。男の子の集団では争いへと発展し、女の子の場合は直接的対立を避けて親密さを維持するものとイメージされるかもしれません。しかし、アメリカの労働者階層の小学生の女の子が石蹴りで遊ぶのを観察したマージョリー・グッディンによれば、対立が起きた際に相手を指さしながら大きな抑揚をつけながら全身で攻撃的な表現をしていました(Goodwin, 1998)。確かに身体的な暴力におよぶわけではないのですが、女の子のコミュニケーションが必ずしも対立を和らげるものばかりではないことが示されました。

　反対に、女の子的なものと考えられていたコミュニケーションのパターンが、男の子の集団にも見られたり、あるいは仲間集団の内部の対立を調節するものだったりすることがあります。黒人労働者居住地区で遊ぶ子ども集団のコミュニケーションを観察した前出のグッディンは、女の子同士のゴシップに注目しました(Goodwin, 1990)。そこでのゴシップとは、単に会話の場を盛り上げるためになされるものというよりも、女の子集団の中の対立を際だたせ、社会的な関係性を調節するものとして用いられていたのです。その後の研究で、ゴシップは女の子集団に特有のものではなく、児童期の男の子集団にも見られることが明らかにされました(Evaldsson, 2002)。

　このように、ジェンダーとことば遣いとの結びつきは確かに仲間集団に存在しますが、男の子は男児集団で男らしい話し方をするというように自動

的・固定的に結びついているのではなく、子どもたちが互いの関係を構築し、社会集団を組織するという目的のためにジェンダーと結びついたことば遣いを「利用している」と考えるべきでしょう (Kyratzis & Cook-Gumperz, 2008)。

3　言語イデオロギーを利用する

　それでは、日本語の「自称詞」を例に用いてここまでの議論をさらに具体的にしてみましょう。ここでの自称詞とは、一人称として用いられる語彙を指します。

　日本語には、「ワタクシ」や「ワシ」などの自称詞が豊富に用意されています。なかでも、「ボク・オレ」や「ワタシ・アタシ」といったジェンダーを指標する自称詞は幼児期から使用されはじめるので、その使われ方の長期にわたる変化を追跡できます。

　結論を先取りして言うと、ジェンダーについてのイデオロギーは確かに自称詞の使い方に制約を与えています。しかしその制約の仕方は、話し手がイデオロギーに「したがう」というものではありません。むしろ、話し手は逆にイデオロギーを「利用して」会話の中での自分の立ち位置を微妙に調整している、と考えられます。幼児期から思春期にかけて、話し相手によって自称詞の種類を変えたり、自分のジェンダーを指標しない自称詞をあえて使ったりするようになります。このことから、自称詞使用に関する話し手の能動性に注目する必要があることが分かります。

　まずは幼児期から児童期にかけての自称詞の使い方について見ていきましょう。西川(2003)は、京都市内の保育園に子どもが通う216家庭に協力を依頼して、子どもが親や友だちに対して自分のことを何と呼ぶかを調査しました。主な対象は幼児でしたが、そのきょうだいの行動についても同時に尋ねたので、0歳から17歳までの404人の子どもの自称詞使用実態が明らかになりました。その結果、用いられる自称詞は年齢によって変化するとと

もに、その変化の傾向は男児と女児とで異なることが分かりました。

　まず、全体的に回答の多かった自称詞の種類を見ていくと、男児の場合は、愛称・名前(例えば、「たかし」や「たあくん」)、「ボク」、「オレ」が、女児の場合は、愛称・名前、「ワタシ」でした。「ボク」「オレ」を使うと回答した女児は何名かいたのですが、反対に「ワタシ」を使うと回答した男児はいませんでした。このように、自称詞の使用傾向には幼児期ですでに男女の違いが現れていたことが明らかになりました。さらに、男児の場合、親に対しては愛称・名前や「ボク」を用い、友だちには「ボク」や「オレ」を用いるといったように、親と友だちに対する使い分けも見られました。一方、女児の場合は、親・友だちともに愛称・名前を用いるという回答が最も多く、10歳頃にようやく友だちに対して「ワタシ」を用いるとする割合が多くなります。

　この結果から、家庭から保育園へと生活の場が移行し、仲間集団が重要なものとなるにつれ、自称詞の使い分けが見られるようになることが明らかになりました。ただしその使い分け傾向には男女による違いもありました。

　こうした使い分けは、決して自動的・固定的なものではなく、他者との関係を調整するために話し手が戦略的に行っている能動的なものだということが、思春期の子どもたちの自称詞使用研究から示されています。

　宮崎(2016)は、1998年から2001年にかけて東京近郊の公立中学校でフィールドワークを行い、そこでの生徒の会話から自称詞使用の実態を検討しています。西川(2003)の調査では女児が頻用していたのは愛称・名前でしたが、宮崎(2016)の調査では様相は一変します。調査対象の学級の女子生徒17名が用いていた自称詞は「アタシ」のほか、「ウチ」「ボク」「オレ」など多様であり、またそれらのうち複数を使い分けるとする者が大半でした。生徒に対するインタビューによると、「ワタシ」は作文や発表のときに用いるようなフォーマルなもので、友だちとインフォーマルに話す場面では使えず、また3文字は長すぎてメールなど文字を介したやりとりには不向きといった認識が語られました。それに対して「ウチ」は、女っぽくなく中

性的であり、短くて使いやすいという認識が語られました(例 9–2 を参照)。なお、この時期においても愛称・名前を使用する女子生徒はいるものの、興味深いことに、そうした自称詞を使用する者に対して「自己中」「ぶりっこ」などときわめて否定的な評価がなされていました。

例 9–2　アタシはあんま好きじゃないんだけど
フサ：なんかウチ…、自分からしゃべりかける場合とか、なんか軽い友だちとかだったら、ウチとか言うけどさ、もうなんか結構もう改めた友だちとかあまり認識のない友だちにアタシとか言うよね、
ミホ：うん。
フサ：アタシは…、アタシはあんま好きじゃないんだけど。
AM：なんで？
ミホ：すげえ気持ち悪い。
フサ：なん…、なんかね、女の子っぽくて嫌だ。
AM：ああー。
ミホ：あんまりアタシ、女の子女の子すんの好きじゃないの。
　　　　　　　　　　　　　　(宮崎(2016, p.143)より。AM は調査者。)

　男の子の場合はどうでしょう。幼児期から児童期にかけて、男児は家庭と保育園や学校の仲間とで使う自称詞を変えていました。宮崎(2016)の調査では、学校の集団の中でもさらに相手によって自称詞を使い分けるという事例が報告されています(例 9–3)。

例 9–3　ボクっつって、おじぎするんです
AM：で、その、ほら、オレって使うときと、この前ね、なんか教室でもちょっと聞いたんだよね。なんか、オレって言う人とボクって言う人がいて、で、ほら、タクくんは場合によって使い分けているとか。
タク：はい、使い分けてます、完全に。

AM：うんうんうん。で、どういうふうに分けている？
タク：えっとまず、コナカくんみたいに凶暴な人の場合は、(中略)ボクっつって、おじぎするんです。

(宮崎(2016, p.147)より一部改変して引用。AM は調査者。)

　これらの調査から分かることをまとめると、以下のようになるでしょう。確かに子どもは自分のジェンダーとの関係で用いる自称詞を選択していました。しかし選択肢は自動的に決まるというよりも、むしろ、その場の具体的な状況や話し相手との関係性に応じて能動的に操作していたと考えられます。

　能動的に操作できると言っても、言語イデオロギーからまったく自由に自称詞を選択できるわけでもありません。宮崎(2016)が観察した学級では「オレ」を用いる女子生徒もいましたが、そのような行為は男子生徒や保護者からは否定的な評価を受けていましたし、他の女子生徒からは「かっこいい」「行き過ぎ」と相半ばする評価を受けました。

　すなわち、ジェンダーと自称詞の関係にまつわる言語イデオロギーは、ある話し手の自称詞選択行動の「原因」と言うよりもむしろ、その行動の幅を制約すると同時に集団内の立ち位置(言い換えれば、アイデンティティ)を構築する際のリソースとして機能していたものと言えます。

文献

Evaldsson, A. -C. (2002). Boys' gossip telling: Staging identities and indexing (unacceptable) masculine behavior. *Text & Talk, 22*, 199–225.
藤田由美子(2004a). 幼児期における「ジェンダー形成」再考—相互作用場面にみる権力関係の分析より—　教育社会学研究, 74, 329–348.
藤田由美子(2004b).「ジェンダー形成」の質的実証研究に向けて—幼児期における「子ど

も文化」アプローチの有効性――　九州保健福祉大学研究紀要, *5*, 103–113.

藤田由美子(2009). 子どもにとっての「ジェンダーの二分法」―幼児を対象にしたインタビューの分析――　九州保健福祉大学研究紀要, *10*, 79–88.

Goodwin, M. H.(1990). *He-said-she-said: Talk as social organization among black children*. Bloomington: Indiana University Press.

Goodwin, M. H.(1998). Games of stance: Conflict and footing in hopscotch. In S. M. Hoyle & C. T. Adger(Eds.), *Kids talk: Strategic language use in later childhood*(pp.23–46). New York: Oxford University Press.

片田孫朝日(2010). 子どもによる性別の境界形成と保育者の関与によるその乗り越え――ジェンダーに敏感な保育に向けて――　子ども社会研究, *16*, 59–70.

Kyratzis, A., & Cook-Gumperz, J.(2008). Language socialization and gendered practices in childhood. In P. A. Duff & N. H. Hornberger(Eds.), *Encyclopedia of Language and Education*(2nd Ed.) *Volume 8 Language Socialization*(pp.145–157). New York: Springer.

宮崎あゆみ(2016). 日本の中学生のジェンダー―人称を巡るメタ語用的解釈―変容するジェンダー言語イデオロギー――　社会言語科学, *19*(1), 135–150.

西川由紀子(2003). 子どもの自称詞の使い分け―「オレ」という自称詞に着目して――　発達心理学研究, *14*, 25–38.

Ochs, E.(1992). Indexing gender. In A. Duranti & C. Goodwin(Eds.), *Rethinking context: Language as an interactive phenomenon*(pp.335–358). Cambridge: Cambridge University Press.

Riley, K. C.(2011). Language socialization and language ideologies. In A. Duranti, E. Ochs & B. B. Schieffelin,(Eds.), *The handbook of language socialization*(pp.493–514). Malden, MA: Blackwell.

Silverstein, M.(1979). Language structure and language ideology. In P. R. Clyne, W. F. Hanks, & C. L. Hofbauer(Eds.), *The elements: A parasession on linguistic units and levels*(pp.193–247). Chicago: Chicago Linguistic Society.

富田昌平・藤野和也(2016). 幼児の下品な笑いの発達　三重大学教育学部研究紀要　自然科学・人文科学・社会科学・教育科学・教育実践, *67*, 161–167.

Woolard, K. A., & Schieffelin, B. B.(1994). Language ideology. *Annual Review of Anthropology*, *23*, 55–82.

10章　実践としての書きことば
〜リテラシー・イベントへの参加

　本章は、書きことばの社会化過程に関する3つの話題で構成されています。まずは、乳幼児期から始められる読み聞かせのもつ意味について述べます。読み聞かせはCDCの1つの形態であり（第2章を参照）、子育てに関する社会文化的な考え方に基づいてなされる実践です。次に、集団生活の中の特殊な活動に埋め込まれた読み書き実践を取り上げます。具体的には、保育所や幼稚園に通う子どもが自分や友だちの「名前を読むこと」、そして友だちや保育者に対して「手紙を書くこと」です。
　書きことばは話しことばを単純に文字に置き換えたものではなく、固有の目的や機能をもつものであり、それにともなって特有の「スタイル」（第6章を参照）が用いられます。読み書き習得期の子どもにしてみれば、「書きことば」というもう1つの言語を習得するかのような体験なのかもしれません。この点について最後に触れたいと思います。

1　書きことばへの誘い〜読み聞かせ

　読み書き能力を一般に「リテラシー」(literacy)と呼びます。子どもの生活環境には、看板の文字を読んだり、図鑑を開いたり、夏休みの日記を書いたりと、リテラシーを必要とする出来事、すなわち「リテラシー・イベント」

(literacy events; Schieffelin & Ochs, 1986)があふれています。

　子どもはリテラシー・イベントへの参加を通して、読み書きのもつはたらきを知ると同時に、それに必要な技能を身につけていくのだと考えられます。絵本の読み聞かせは重要なリテラシー・イベントの1つです。例10-1は、心理学者の秋田喜代美氏と2歳6ヶ月のお嬢さんが『こぐまちゃんのうんてんしゅ』(もりひさし・わだよしおみ文、わかやまけん絵、こぐま社)を読み聞かせている場面です。

例10-1　いっぱいとんじゃったよ
地文…おきゃくさん、いっぱい　みんなのれるかな。おさないで　おさないで。
子：　(何ページも、まとめてめくろうとする)
母：　あれ、いっぱいとんじゃったよ。ほら。(といいながら前のページにもどす)はっしゃ、おーらい。みなさんしっかりつかまって。
子：　(まためくろうとする)
母：　あれ、またとんじゃったじゃない。

(秋田(1998, pp.32-33)より。)

　この場面で母親が子どもに伝えようとしているのは、「絵本はページをとばさず順番に読む」という、本という道具を扱う上での基本的なスキルです。ページのめくり方は読み書きと関係なさそうですが、そうではありません。文字や絵の印刷された紙を順番に束ねて生産されたものが絵本であり、それを使用するには端から順に見ていかねばならないという、ある種の社会的慣習がここにはあります。読み聞かせを含め、あらゆるリテラシー・イベントは社会的慣習に根ざした文化的実践であり、大人はそこに子どもたちを導き入れ、同時に子どもはそこへ参加することを通してリテラシーの意味を知るのです(茂呂，1988; Sterponi, 2012)。
　では、大人は読み聞かせというリテラシー・イベントへと子どもをどのよ

うに誘っているのでしょうか。現代の日本社会に暮らす子どもの多くは、絵本を通して書きことばに最初に触れるものと思われます。もちろんそこには、絵本を準備し、それを読み聞かせる養育者や保育者の存在がありますし、子育てに対する信念や価値観がその背後にはあります。

その価値観は、絵本の読み聞かせを子どもの発達にとって「良いもの」とする考え方と言えるでしょう。現代社会には、テレビやスマートフォンなど、絵と書きことばを表示するさまざまな媒体があります。「テレビ漬け」や「スマホ育児」などの踊り文句に見られるように、子どもをこうした媒体に触れさせることの是非が取り上げられる一方で、絵本の読み聞かせへの注意喚起はほとんどなされません。逆に、自治体や専門家は読み聞かせを積極的に推奨しているほどです。実際に、絵本の読み聞かせがその後のリテラシーの発達や親子の関係形成にポジティブな影響を与えるとする研究成果がしばしば発表されています。そうした知見はめぐりめぐって養育者にさらなる読み聞かせをうながすこととなるでしょう。

とはいえ、現代の日本社会におけるすべての養育者が同じ考えをもって読み聞かせに臨んでいるわけではないようです。秋田・無藤(1996)は、親が読み聞かせを行う動機の側面について明らかにするため、東京の山の手にある私立幼稚園に在籍する幼児の母親を対象とした調査を実施しました。「なぜ読み聞かせをするのか」「読み聞かせは子どもにどのような影響があると思うか」という2種類の質問への回答を分析したところ、母親たちが以下の4つの意義を見いだしていることが浮かび上がりました。それらは、①文章を読む力の育成や文字の習得、②ふれあいをしたり、空想や夢をもつこと、③ものごとを深く考えたり、集中力をつけること、④本の世界を楽しみ、好きになることでした。これらのうち多くの母親が重視していたのは②や④でした。この2つは、絵本を読む過程そのものを楽しもうとする考え方だと言えるでしょう。他方、一定数の母親が重視していた①や③のような考え方は、読み聞かせを通して子どもの能力を高める目的に動機づけられた、絵本を道具としてとらえる発想だと言えるでしょう。いずれの考え方

も、絵本が発達にとって「良いもの」とする見方は共通していますが、どういう点で良いとするかに関しては養育者の中でも相違があるのです。

2 実践とリテラシー～名前と手紙

　私たちの暮らす環境には実にたくさんの文字があります。そうした文字は何の意味もなく刻まれているのではなく、何らかの社会的な実践に埋め込まれて用いられるリソースとして存在しています（川床，2007）。例えば、普通の人には「キハ」「モハ」といった文字列を見ても何をあらわすのか分からないでしょうが、鉄道関係者や鉄道好きな人には電車車両の種類を示す記号として「読む」ことができます。

　保育所に入って2ヶ月目の2歳の子どもが見た世界を想像してみましょう。子どもたちが集まる室内には何らかの目的のために用いられる「何か」があふれています。例10-2は、韓国で生まれて1歳4ヶ月のときに来日し、日本の保育所に入った男児が2歳4ヶ月のときの観察記録です。

例10-2　「ニンジン」と「うさぎ」
マサコ：　「ハン君の、ハン君のこれだよ！」
　　　　　ニンジンマークが貼付されたサンハンのパジャマカゴに触る。
　　　　　「これ、マサコちゃん！マサコちゃん、うさぎ！」
　　　　　自分のカゴ（うさぎマークが貼付）を指して言う。
サンハン：マサコのうさぎマークを指でそっと触る。
　　　　　「これ、ハン君の！」ニンジンマークが貼られたカゴを指さす。
　　　　　「これもハン君のなの！」ニンジンマークが貼られた引き出しを指さす。

（柴山（2001, pp.83-84）より。）

　この会話にあらわれる「マーク」とは、1人1人の子どもに割り振られ

た、識別のための記号です。柴山(2001)が観察した保育所では、靴箱や昼寝用のパジャマを入れるカゴ、小道具を入れる引き出しなどにシールとして貼られており、特定の子どもが優先的に使えるモノや場所であることを示します。

　保育実践におけるマークの意義はいくつか挙げられます。第一に、子どもの私有物や私的領域を区別して、保育者と保護者と子ども本人に分かりやすく示すためです。第二に、生活上の自律を子どもにうながすという保育目標を達成するのにも有効です。例10–2の発話にあるように、「○○のもの」という感覚を得ることで、人の手を借りずに身のまわりのものの整理が上手にできるようになるかもしれません。

　例10–2のケースでは、自分のマークを「読めるようになること」が、保育所における保育実践に参加することだと考えられます。この保育所を離れたところでは、ニンジンマークは「ハン君のもの」という意味を失います。マークは特定の実践に埋め込まれて、はじめて有用なリソースとして機能するのです。

　すでにお分かりでしょうが、文字で書かれた子どもの「名前」はマークと同じ機能を果たします。子どもにとって自分や家族、仲の良い友だちの名前は特に重要な意味をもつものです。実際に、そこに含まれるひらがなの文字の読み方を言う際に、「たかしの"た"」のように名前の一部として読み上げる例がしばしば見られます(無藤・遠藤・坂田・武重, 1992)。つまり、生活において意味のある「名前」という書きことばとの出会いを繰り返すことで、1つ1つの文字の読み書きスキルの獲得へとつながっていくものと考えられます。もちろんその際のスキルとは、名前の読み書きを用いた実践に埋め込まれたものだということを忘れてはいけません。

　名前の読み書きが重要な役割を果たす幼稚園での実践として、「お手紙ごっこ」が挙げられます。園によって方法はまちまちでしょうが、横山・秋田・無藤・安見(1998)が調査を実施した幼稚園のやり方は、用紙や筆記具、ポストや郵便受けが誰でも使えるように園内に置かれていました。投函

された手紙は係の園児が回収し、仕分けされた後で宛先となる園児や先生のいるクラスに配達されるといったように、本格的です。

　園児が書いた手紙を分析してみると、そこで使われていた書きことばは、大人が想定するのと同じはたらきをするものもあれば、園児独自の意味づけがなされたものもありました。手紙の表面には宛先となる園児のクラス(住所に相当します)、宛先の名前、書き手の名前を書く欄と、シールの切手を貼る欄がありましたが、最初の3つの欄はほとんどの園児が埋めていました。園児にとっても、誰が誰に送るのかという情報は重要な意味を持っていたことが分かります。一方で、裏面に書かれていたことは多様で、絵だけのもの、絵と文字が混ざったもの、文字だけのものが混在していました。さらには、手紙のやりとりの仕方に着目してみると、一方的に送るだけで「返事を書く」という行動があまり観察されなかったようです(手紙の「やりとり」が成立していたのは総手紙数のおよそ3割でした)。もしかすると、園児は手紙に「自分から誰かへの贈り物」という意味を見出していたのかもしれません(横山ら、1998)。同じクラスの友だちにわざわざ手紙を書くという園児も見られたことからも、そうした解釈に納得できます。大人は、手紙というと、「文字でメッセージを送るもの」という意味づけをしがちです。しかし、思い返せば年賀状のように「つながりを確認する」という役割を果たす手紙もあります。手紙の意味が多様なのは、なにも子どもに限った話ではないのです。

　書かれた名前を読むことや、誰かに手紙を書くことは、子どもたちにとって固有の意味をもつ実践として行われます。書きことばはそうした実践に埋め込まれた形で利用されます。そうした実践への参加を通じて、あくまでもそこにおいて有効なリテラシーが形成されていくのです。

3　話すリテラシー〜二次的ことばによるコミュニケーション

　書きことばの重要な機能の1つは、書かれた時点では目の前にいない不

特定多数の人々に向けて情報を正確に伝えるための媒体となることです。伝言板に書かれた文字を思い出してもらえばよいでしょう。書きことばのこの機能を通して、歴史上の出来事や先人の経験、さらには地球の裏側の出来事を知ることができるのです。

　ただし、書きことばがそのような媒体として機能するには、それにふさわしいスタイルで構成されている必要があります。絵本の中の書きことばは、絵とともに読まれることが前提なので、そうした機能は主要なものではありません。例えば、本章1節で取り上げた『こぐまちゃんのうんてんしゅ』の中の「おきゃくさん、いっぱいみんなのれるかな。おさないでおさないで」という文を読んだだけで、絵をイメージすることは困難でしょう。

　心理学者の岡本夏木は、身近な他者との親密なコミュニケーションを背景として成立する乳幼児期のことばと、目の前にいない不特定の他者へ一方的に届けようとすることばとを区別しました（岡本, 1985）。前者は具体的な文脈を共有すること（例えば、同じ部屋にいる、同じ過去の経験をもつ、など）を前提としたコミュニケーションなので、指さしとともに「これ」と言うだけで、話し手が指し示すものが理解できます。しかし後者の場合、コミュニケーションの相手との文脈の共有が確実ではないので、「これ」ではなく事物の名前を具体的に言語化しなければなりません。また、前者の場合、理解の齟齬があればただちに修正できますが、後者ではフィードバックが期待できないため、メッセージを送る側があらかじめ受け取り手に配慮してことばを選んだり並べ方を工夫したりしなければなりません。

　岡本（1985）は、機能とスタイルが異なるこれら2つのことばを、それぞれ「一次的ことば」「二次的ことば」と呼びました。一次的・二次的とは発達過程における成立の順序を示すもので、二次的ことばは一次的ことばを基礎として発達することを意味します。岡本（1985）は、二次的ことばによるコミュニケーションへの適応はそう簡単なものではなく、むしろ新しい言語を覚えるようなものだと指摘しています。

　その発生初期においては、二次的ことばの主要な媒体は書きことばではな

く、むしろ話しことばです。二次的ことばによるコミュニケーションを志向するようになった子どもが、書きことばを二次的ことばの媒体として利用し始めるのは、おそらくは児童期以降のことだと考えられます。

　幼児教育や初等教育の場では、二次的ことばによるコミュニケーションへと話しことばを通して導く試みがなされています。サラ・マイケルズはそれを「リテラシーに向けた話しことばによる準備」(oral preparation for literacy; Michaels, 1981, p.425)と呼びました。例10-3は、アメリカに暮らす小学1年生の女子児童がクラスメイトの前で自分の持ち物を披露する場面です(こうした活動は"show and tell"と呼ばれます)。この例では、内容の詳細を知らない人に向けて語るのにふさわしい語りの構造を、教師は児童への問いかけを通して示しています(4行目、6行目)。児童がその問いに答えていくことで、結果的に二次的ことばに基づくコミュニケーションが成立していました。

例10-3　まずはじめに何をしたのかみんなに教えてくれる？

1　　ミンディ：キャンプに行ったときに / このろうそくを作りました //
2　　教師：　　それをあなたが？
3　　ミンディ：そして私、私は別々の色を付けたくて / これに、でも / こっちはすぐ / こっちはすぐに青くなったんだけど / 分かんなくて / こっちの色が //
4　　教師：　　それって、あ // あなたがまずはじめに何をしたのかみんなに教えてくれる / ろうそくについてはみんな知らないよ // オーケー // まず何をしたの？ // 何を使ったの？ // 粉なの？ //
5　　ミンディ：あったかくしたロウがあって / ほんとに熱くて / そしたら / 糸を持って / 結び目を作るの // それで糸をロウの中に浸して //
6　　教師：　　どうやって形をつくるの？ //

7	ミンディ：	形を作ればいいの //
8	教師：	えー、自分の手で形を作るの // ああ //
9	ミンディ：	いやあの / まずずうっとロウの中にそれを入れてて / それから水をかけて / そしたら好きな大きさになるまでずっとそれを繰り返すの //
10	教師：	オーケー // 糸を何のために使ったのか知っている人は？ // …

　　　　　（Michaels(1981, p.431)より。日本語訳は、伊藤・茂呂(2002, p.105)より一部改変して引用。）

　実践を組織するリソースとして、書きことばは実践ごとに特有な使われ方をすると述べてきました。ただ一般的には、リテラシーは汎用的なスキルとして扱われます。さらに識字率の高い日本のような社会では、さまざまな場面で膨大な量の情報が書きことばで伝達されます。例えば、学校や行政からの通知や、交通機関での移動など、書きことばが分からないと困ってしまう場面が多々あります。したがって、リテラシーが身についていないことは、社会への適応を難しくする大きな障害となりえます。さらには、リテラシーを前提として組織されているために、結果的に特定の人々(視覚障害児／者や学習障害児／者、外国人など)を排除してしまうような実践もあるでしょう。

　教育実践に携わる多くの人々はこうした社会への適応をうながすためにリテラシー習得に向けたはたらきかけを行っています。ところが、リテラシーを汎用的スキルとして扱ったとたんに「何のためのリテラシーなのか」という観点が消えてしまいます。するとたちまち書きことばは、子どもにとっては、実践から切り離された無意味なものとなってしまうでしょう。それを避けるためには、子どもと大人がいかなる実践に参加しているのか、そこで書きことばがどのようなリソースとして機能しているのかに関する分析をふまえた教育実践が必要なのだと思われます。

文献

秋田喜代美(1998).読書の発達心理学─子どもの発達と読書環境─　国土社

秋田喜代美・無藤隆(1996).幼児への読み聞かせに対する母親の考えと読書環境に関する行動の検討　教育心理学研究, *44*, 109–120.

伊藤崇・茂呂雄二(2002).教室環境における言語発達の分析に向けた記述の枠組み　筑波大学心理学研究, *24*, 99–110.

川床靖子(2007).学習のエスノグラフィー─タンザニア、ネパール、日本の仕事場と学校をフィールドワークする─　春風社

Michaels, S. (1981). "Sharing time": Children's narrative styles and differential access to literacy. *Language in Society*, *10*, 423–442.

茂呂雄二(1988).なぜ人は書くのか　東京大学出版会

無藤隆・遠藤めぐみ・坂田理恵・武重仁子(1992).幼稚園児のかな文字の読みと自分の名前の読みとの関連　発達心理学研究, *3*, 33–42.

岡本夏木(1985).ことばと発達　岩波書店

Schieffelin, B. B., & Ochs, E. (1986). Language socialization. *Annual Review of Anthropology*, *15*, 163–191.

柴山真琴(2001).行為と発話形成のエスノグラフィー─留学生家族の子どもは保育園でどう育つのか─　東京大学出版会

Sterponi, L. (2011). Literacy socialization. In A. Duranti, E. Ochs & B. B. Schieffelin (Eds.), *The handbook of language socialization* (pp.227–246). Malden, MA: Wiley-Blackwell.

横山真貴子・秋田喜代美・無藤隆・安見克夫(1998).幼児はどんな手紙を書いているのか？─幼稚園で書かれた手紙の分析─　発達心理学研究, *9*, 95–107.

11章　二重の有能さを示す
～学習言語と IRE/F 連鎖

1　家庭から学校へ

　現代の多くの社会で暮らす子どもたちは、ある年齢になると学校での生活を始めます。子どもの生活環境としての家庭と学校はさまざまな点で異質なのですが、ここでは学校のもつ3つの特殊性を取り上げてみます。1つ目が「ことばへの志向」、2つ目が「評価への志向」、3つ目が「集団への志向」です。

　ことばへの志向とは、学校がことばの教授を目的として成り立つ実践の場だということを意味します。学校の役割の1つは学問的知識やスキルを効率的に教授することです。例えば第10章で取り上げた「二次的ことば」(岡本，1985)は、学校で教えるべき言語的スキルとみなされています。子どもは家庭でも二次的ことばを経験するでしょうが、それはなんらかのコミュニケーションのための道具です。一方、子どもが学校で経験するのは、二次的ことばの学習自体が目的となるような実践です。それにともない、この実践においては、話しことばとともに書きことばが主導的な役割を果たします。

　2つ目が評価への志向です。教えることを目的として成立する学校でのコミュニケーションには、目的が達成されたかどうかを確認する作業、すなわち評価が端々に見られます。例えば授業には、「この漢字の読み方は何です

か」などのように、教師が自分にとって自明なことを子どもに問いかける場面があります。こうした発話の目的は、子どもに知識があるかどうかの確認です。これは「既知情報の質問」(known information question; Mehan, 1979b)などと呼ばれ、授業中のコミュニケーションを特徴づけるものとされます(Mehan, 1979a；茂呂，1997)。このように評価を志向するコミュニケーションへの参加を通して、子どもは「評価的な目で人やものごとを見る」という価値観も身につけるのだと考えられます。

　最後が集団への志向です。学校は家庭とは異なる集団として組織されており、それを維持するためのさまざまな規律や慣習があります。教師はそれらを通して子どもを学校という集団に導くとともに、子どもはそれらへと社会化していくのです。素朴な例ですが、授業中、子どもが意見を述べる際に挙手を要求される場合があります。これは複数の子どもたちが一度に話し始めたら収集がつかなくなるという集団ならではの問題を解決するために講じられた策だと思われます。副次的に、挙手のタイミングを子どもがどのように判断するか、あるいは挙手した者の中から教師が誰を指名するかといった実践方略がそこに生まれることが指摘されています(森，2014)。

　授業や実習、ゼミでのプレゼンテーションや教師と生徒の面談など、幼稚園から大学にいたる各種学校で行われる教育の場でのコミュニケーションは、これら3つの志向性を同時にはらんでいます。必然的に、そこでのことばは家庭で用いられるそれとは異なる特徴をもっています。そうしたことばは「アカデミック・ディスコース」(academic discourse; Corbett, 2015; Duff, 2010)と呼ばれます。

　学校での生活を始めた子どもが直面するのは、アカデミック・ディスコースへの適応という課題です。そこにおいて子どもは家庭とは異なる志向性をもって展開する実践に参加するとともに、教師や他の子どもたちによって導かれていきます(磯村・町田・無藤，2005；清水・内田，2001)。本章ではこうしたアカデミック・ディスコースへの／によることばの社会化過程を取り上げます。ただし、紙幅の都合により、上記の3つの志向性のうち、こ

とばと評価への志向性をめぐるいくつかのトピックに限定して述べていきます。

2　ことばへの志向

「帯分数」、「光合成」、「国民主権」…。いずれも、日本の小学生が授業で学ぶことばです。これらは教科特有の知識の体系性に位置づけられた概念を指し、明確な定義が与えられている点で日常生活のことばと異なります。

日本の教師の多くはこれらのことばを子どもに直接的に与えず、代わりに体験活動や具体的な対象を通して学習事項に気づかせた上で概念化を行います。心理学者のヴィゴツキーによれば、この時期の子どもはすでに、日常生活の具体的対象や体験を通して自分なりに形成した「生活的概念」をもっています（ヴィゴツキー，2001）。教師はそこに、学問的知識体系を構成する「科学的概念」をぶつけていきます。生活的概念と科学的概念という2つの異なる体系に基づくものが衝突することで、子どもの中には世界に対する新しい認識の仕方が生じる、これがヴィゴツキーの言う概念発達のおおまかな道筋です。

しかし、こうした発達が授業を通して起こるには少なくとも2つの障害があります。1つは生活的概念の強固さ、もう1つは学校での学習活動でよく用いられる語彙の存在です。

まずは、生活的概念と科学的概念とが子どもの中で矛盾するとき、後者に基づいた見方が十分に習得されない現象についてです。高垣（2000）は、図2のような三角形 ABC の面積を正しく計算できない小学生がいる理由について、面積を求める公式に含まれる「高さ」概念に注目して検討しました。幾何学における三角形の高さは、「底辺に向かい合う頂点から底辺にひいた垂直な直線の長さ」と定義されます。図2では線 AD の長さが高さとなりますが、多くの子どもは線 AE や AB を高さだと勘違いするようです。三角形の「内側」のどこかに高さがある、と考えてしまうためでしょう。私たちが

「身長の高さ」と言うときには、「頭のてっぺんから足下までの長さ」を測りますので、まっすぐ立っても屈んでも身長自体は変わりません。こうした経験を通して形成された「高さ」概念と、算数的概念としての「高さ」は、図2の三角形においては矛盾してしまいます。結果的に、高学年でも生活的概念での高さに基づいた計算をしてしまうようです(高垣、2000)。それだけ、子どもがすでにもっていることばの意味を発達させることは難しいのです。

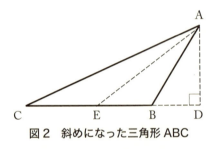

図2　斜めになった三角形 ABC

　もう1つの障害は、学校での活動に参加するのに必要な特有の語彙の存在です。「値(あたい)」、「解決」、「作成」、「対応」、「内容」、「図る」、「交わる」、「様子」、「理解」…(バトラー後藤、2011, p.314)。何のつながりもなさそうなこれらの語彙は、日常会話にはあまり現れない一方で、学校での教科学習や課題解決の文脈にはしばしば出現するという共通の特徴があります。こうした語彙は、「学習語」または「学習言語」(academic language)と呼ばれます(バトラー後藤、2011; 2010)。

　学習言語は学校での活動と結びついているため、そこでの実践への参加を通して習得されるのですが、科学的概念を指す語彙と異なり、その意味について特段の説明がなされません。そのため理解の程度には個人差があり、ある意味では学校生活の中で形成される生活的概念を示す語彙だとも言えます。例えばヘレンコールらは、理科の時間に「理論」(theory)という語彙の意味について議論する小学校3〜5年生の事例を紹介しています

(Herrenkohl, Palincsar, DeWater & Kawasaki, 1999)。子どもたちが理解する「理論」とは、「教科書的な正解」であったり「実験の結果」であったりと、多様です。そんな中で起きた小学3/4年生の授業での会話が例11–1です。

例11–1 理論はいつも正しいわけじゃない

1　教師　：言ってみて、ジーク
2　ジーク：それが理論だよ、理論はいつも正しいわけじゃない
3　サラ　：そう、でも（ジークが割り込む）
4　ジーク：あれと同じ、みんなが…火星に緑色のこびとがいるっていう説（theory）をもっているのと。でもそれは正しくないでしょう？
(Herrenkohl, et al.(1999, p.476)より。日本語訳は筆者による。引用に際して行番号を追加した。)

　現実の科学実践における理論とは、実証の責任や反証可能性に常にさらされるものです。2行目や4行目のジークの発言は、誤った理論が存在する可能性を指摘していた点で、科学実践で用いられる概念としての「理論」に近い意味をもっていました。ヘレンコールらが分析した授業は、科学実践への参加と「理論」という学習言語の習得を、教師と子どもたちの間の議論を通して同時に目指したものだったと考えられます。

　ただ、学習言語について自覚的に取り組む教育実践はまだ多くはないようです。結果的に、日常会話は不自由がないものの、学習言語が適切に形成されないために、授業実践への参加が難しくなる子どもが現れてしまいます。特に、学校で用いられることばを第二言語とする（日本の場合は、日本語を第二言語とする(Japanese as Second Language)）児童の学業不振が、学習言語の理解が不十分であることに起因することが指摘されています(バトラー後藤, 2011)。

3　評価への志向

アカデミック・ディスコースを指標するやりとりのパターンとして、例 11-2 のような発話の連鎖がしばしば取り上げられます。

例 11-2　いま何時ですか
1　話者 A：いま何時ですか、デニス
2　話者 B：2 時半です
3　話者 A：すばらしい、デニス

(Mehan(1979b, p.285) より。日本語訳は筆者による。)

例 11-2 における 1 行目の発話は、すでに述べた「既知情報の質問」の形式を取っています。それが分かるのは、3 行目の発話で話者 A が質問の答えを知っていることをほのめかしているためです。話者 A がこうした質問をする目的は、話者 B の知識の有無を評価することにあると考えられます。

多くの教育実践では、例 11-2 の話者 A は教師、話者 B は生徒の発話です。つまり、1〜3 行目の発話は、それぞれ、生徒の反応の引き出し、生徒の有能さの表現、そして生徒の有能さの承認というはたらきをしています。Mehan(1979a) は、連鎖に含まれる発話をそれぞれ順に、教師による呼びかけ(Initiation)、生徒による返答(Reply)、そして教師による評価(Evaluation)と呼び、頭文字をとって「IRE 連鎖」(IRE sequence)と呼びました。また、Sinclair & Coulthard(1975) は、2 つ目の生徒の発話を反応(Response)、3 つ目の教師の発話のはたらきをフィードバック(Feedback)と呼び、「IRF 連鎖」を提起しています。ここでは、このような 3 つの発話から成る連鎖を「IRE/F 連鎖」とまとめて呼ぶこととします。

IRE/F 連鎖がアカデミック・ディスコースで多用される大きな理由は、授業というコミュニケーションを破綻なく成立させるはたらきをもっているためだと考えられます。例えば、教師の呼びかけに対して子どもがふざけた

発話をした場合、教師はそれに対して消極的な評価を与え、授業進行を維持することができます。例11–3は、小学2年生の教室で見られた事例ですが、「何の形ですか」という呼びかけ（2行目）に対する、ユタカやサトルの返答（7、9行目）に対して、教師は「変な呼び方」と消極的評価を与えるとともに、「もう一度聞いてみよう」と再びIRE/F連鎖を開始しようとしています。

例11–3　おばさんかく

1　教師　：　こーんな形を使って絵が作ってあるね。
2　教師　：　これ、これ何の形ですか。
3　児童　：　知ってる
4　カオリ：三角
5　教師　：　うん
6　児童　：作ったことある
7　ユタカ：おばさんかく
8　ショウ：作ったことある
9　サトル：おばさんかく
10　教師　：あら、変な呼び方言ってる人がいるね。もう一度聞いてみよう。
11　教師　：はい、こういう形何ていいますか
（後略）

（岸野・無藤（2005, p.91）より。引用に際して、表記を一部改めた。）

　授業の流れを維持する教師の方略としては、子どもの返答に対して積極的、消極的いずれの評価も与えずにおく、というものもあります。例11–4と11–5は、小学6年生の同じ授業の同じ場面を対象として、教師・子ども間のIRE/F連鎖として成立しているやりとりと、当初は教師への返答だったものの、教師が評価しないために子ども同士のふざけた会話へと移行したやりとりとを分けて示したものです。1行目の教師の呼びかけは同じもので

す。2行目以降の発話が2つの例で重複して進行していた点に注意してください。

例 11-4　教師・子ども間の連鎖の成立
1　教師：　　パンフレットって言われたら何を思い浮かべる？
2　しゅん：　なんかね、そこの場所の案内とか
3　教師：　　ああ、どこに置いてある？（しゅんの方を見る）
4　しゅん：　入るところ
5　教師：　　入口、または
6　たくみ：　駅
7　しゅん：　ああ、そういう場所
8　教師：　　そう、場所だから水族館とか駅とか
9　こうすけ：遊園地
10　教師：　　あぁ、遊園地

例 11-5　子ども間の会話の成立
1　教師：　　パンフレットって言われたら何を思い浮かべる？
2　しょう：（教師を見る）えっとあちらは
3　しょう：富士サファリパークになります、（れんの方を向く）こちらは東京タワーになります
4　しょう：あちらは知床半島になります
5　れん：　（机の上からしょうの方へ視線を移す）しりとこはんとう？
6　しょう：おしりとこはんとう
7　れん：　おしり（笑）

(例 11-4、11-5 ともに松浦 (2015, pp.225-226) より。
引用に際して1つの事例を2つのパートに
分けて示し、行番号をつけなおした。)

例11-4だけを見れば、教師と子どもの間のIRE/F連鎖の連続として授業が進行しているように感じられます。しかし、同時に起きていた例11-5を読むと、例11-4のやりとりは、教師が進行とは関係のない発話を「取り上げないこと」によって成立していたことに気づきます。例11-5において、教師の呼びかけに対して「しょう」は教師の方を向いて返答した（2行目）にもかかわらず、教師は彼を評価対象としては取り上げませんでした。結果的に「しょう」は、呼びかけから連想された断片的な発話を「れん」と交換していました。

　ことばの社会化という点で見ると、子どもが授業実践に適切に参加するためには、こうしたIRE/F連鎖を教師とともに組織することが必要となります。すなわち、教師の呼びかけに対して、授業の進行に適した返答を、適切なタイミングで行うことが必要です。子どもの返答が授業に適しているかどうかはあらかじめ決まっているのではなく、教師は評価やフィードバックにより子どもの返答を授業に適したものとして位置づけていく必要があります。

　しかし同時に、教室には授業の進行とは外れた場所で起こるコミュニケーションも存在します。例11-5での「しょう」と「れん」の会話がそれで、教師はそれを取り上げないことでIRE/F連鎖による授業の会話の秩序を維持する一方、子どもたちは教師のその目論見を阻害することなく授業を「楽しいもの」にしようとするかのように話し続けていたのです。ことばの社会化という点で言えば、教師からの評価を受けずに（あるいは消極的評価を避けつつ）授業というコミュニケーションの場に居続けるためのスキルも子どもたちは習得しているのかもしれません。

　学校という場所で用いられるアカデミック・ディスコースへの／による社会化とは、子どもにとっては自身の二重の有能さを示すことと結びついていると言えるでしょう。二重の有能さとは、1つは知識やスキルの有無として示される有能さであり、もう1つはそれを学習したり評価したりする実践に参加するための有能さです。学校において有能なメンバーとして承認され

るためには、前者のみならず、後者においても適切なふるまいをしなければなりません。入学後の子どもは、こうした二重の有能さを示すコミュニケーションに巻き込まれているのです。

文献

バトラー後藤裕子(2010). 小中学生のための日本語学習語リスト(試案)　母語・継承語・バイリンガル教育(MHB)研究, 6, 42–58.

バトラー後藤裕子(2011). 学習言語とは何か—教科学習に必要な言語能力—　三省堂

Corbett, J. (2015). Academic discourse. In K. Tracy (Ed.), *The international encyclopedia of language and social interaction, vol.1* (pp.1–10). Oxford, UK: Wiley-Blackwell.

Duff, P. A. (2010). Language socialization into academic discourse communities. *Annual Review of Applied Linguistics, 30*, 169–192.

Herrenkohl, L. R., Palincsar, A. S., DeWater, L. S., & Kawasaki, K. (1999). Developing scientific communities in classrooms: A sociocognitive approach. *Journal of the Learning Sciences, 8*, 451–493.

磯村陸子・町田利章・無藤隆(2005). 小学校低学年クラスにおける授業内コミュニケーション—参加構造の転換をもたらす「みんな」の導入の意味—　発達心理学研究, 16, 1–14.

岸野麻衣・無藤隆(2005). 授業進行から外れた子どもの発話への教師の対応—小学校 2 年生の算数と国語の一斉授業における教室談話の分析—　教育心理学研究, 53, 86–97.

松浦加奈子(2015). 授業秩序はどのように組織されるのか—児童間の発話管理に着目して—　教育社会学研究, 96, 219–239.

Mehan, H. (1979a). *Learning lessons: Social organization in the classroom.* Cambridge, MA: Harvard University Press.

Mehan, H. (1979b). "What time is it, Denise?": Asking known information questions in classroom discourse. *Theory into Practice, 28*, 285–294.

森一平(2014). 授業会話における発言順番の配分と取得—「一斉発話」と「挙手」を含んだ会話の検討—　教育社会学研究, 94, 153–172.

茂呂雄二(1997). 談話の認知科学への招待　茂呂雄二(編)対話と知—談話の認知科学入

門—(pp.1-17) 新曜社
岡本夏木(1985).ことばと発達 岩波書店
清水由紀・内田伸子(2001).子どもは教育のディスコースにどのように適応するか—小学1年生の朝の会における教師と児童の発話の量的・質的分析より— 教育心理学研究, *49*, 314-325.
Sinclair, J. M., & Coulthard, R. M.(1975). *Towards an analysis of discourse: The English used by teachers and pupils*. London: Oxford University Press.
高垣マユミ(2000).小学生は高さをどのようにとらえているのか—「日常的経験から得た高さ」と「平面図形における三角形の高さ」との関連— 発達心理学研究, *11*, 112-121.
ヴィゴツキー、L. S. 柴田義松(訳)(2001).思考と言語(新訳版) 新読書社

12章　いくつもの目的を同時にめざす
〜教室内のことばの多層性

1　子どもの視点に立ってみると

　この章で取り上げるテーマは、前章の最後に登場した子どもたちのように「授業とは関係ない話をする」という出来事に関連するものです。こうした子どもたちは、「授業に参加していない」ように見えるかもしれませんが、もしもそうだとしたら、いったい彼／彼女たちは何に参加しているのでしょうか。

　子どもがある場面における社会規範から逸脱した行動をとっているとき、大人はそれを非社会的・反社会的行動としてとらえるかもしれません。しかし、子どもの視点からすると、実は大人の考えるものとは「別の実践」に参加しており、子どもの取った行動はその実践の規範からすると適応的なものである可能性があります（大久保, 2010；ウィリス, 1985/1996）。

　中途退学者とそれに対応する教師の語りを出発点として考えてみましょう。例 12-1 と 12-2 は、地方都市のいわゆる下位ランクに属する女子高校の教師と、そこを退学した方に対して行われた聞き取りの断片です。

例 12-1　職業科教師の語り

去年やめた子がいて、ガススタで働いているから、（学校に）寄ってみたなん

ていって。やめて明るくなって、学校とか家からも自由になってね。いいって言うケースもあるんですよ。学校で会えば暗い顔して、何を考えてるんだろうって感じだったのが、明るくなって。……初めて自分が決めたことだった。親がなんでもやってしまうから、……。

（古賀（2004, p.50）より。）

例 12-2　職業科退学者の語り
朝早くから起きて通うんだけど、学校まで遠かったから。……遅刻できないから。注意されるし。……最初は、親が○○に住んでいたから学校まで結構近かったんだけど、引っ越して。（家賃が）安いからいいとか、言って。（初めは）起きてたけど、だんだんいやになって。（昼間）ひとりでい（られ）て。……いまのところ（職場）は、おばちゃんたちがいい人で。……寂しいとかはないけど。

（古賀（2004, p.49）より。）

　例12-1を読むと、教師は「明るくなった」「初めて自分で決めたこと」などのように、生徒に起きた「ポジティブな変化」について語っていたことに気づきます。学校を組織する実践が、児童生徒に足りないところを育成することを目的としているのだとすると、それに適した語り方が選ばれていたと言えるでしょう（古賀，2004）。一方、例12-2に目を転じると、教師の語り方とは異なり、「他者とのつながり」を獲得したり失ったりした出来事として退学前後のことが語られていました（古賀，2004）。「注意され」「いやになって」学校との関係をやめたことや、今の職場の「おばちゃんたちがいい人」で「寂しいとかはない」という現状に関することばがそれをあらわしています。
　学校という場を、教師でも児童生徒でもない第三者の立場から眺めると、そこには学校的な「成長」をめぐる語り方と、退学者の語りのような「つながり」という観点からの語り方の、少なくとも2つの異なる語り方が並存

していることに気付きます。これらの語り方は、話す人の置かれた社会的状況やその時々の活動、そしてその人が「何をしようとしているのか」という目的に応じて選ばれるものです。

確かに子どもたちは授業が行われる場に大人とともに存在しています。しかし、「何をしようとしているのか」という観点からすると、その場にいる人によって異なる実践に従事している可能性が常にあるのです。授業では、教師は児童生徒を「成長させること」を目的としており、児童生徒は「他者とつながること」を目的としている可能性があります。「つながり」という観点から、前章に登場した2人の児童による発話をあらためて眺めてみるとどうでしょう。

【再掲】例11-5　おしりとこはんとう

1　教師　：パンフレットって言われたら何を思い浮かべる？
2　しょう：(教師を見る)えっとあちらは
3　しょう：富士サファリパークになります、(れんの方を向く)こちらは東京タワーになります
4　しょう：あちらは知床半島になります
5　れん　：(机の上からしょうの方へ視線を移す)しりとこはんとう？
6　しょう：おしりとこはんとう
7　れん　：おしり(笑)

（松浦（2015, pp.225–226）より、一部の発話のみ抜き出して示した。）

上の例で、「しょう」と「れん」は、教師の発問をきっかけとして連想されたことばをつないでいく「ことばの遊び」に参加していたと考えられます。すると、例11-5の教室には、少なくとも、授業の流れを保とうとする教師および一部の児童による実践と、自分たちのつながりを確かめ合うような遊びを行う実践とがあったことになります。実際の授業にはもっとさまざまな目的が潜んでいるでしょうし、同じ人でも目的が刻々と変わる場合もあ

るでしょう。

2　ことばのジャンル

　参加する実践が違うとすると、そこで必要となることば遣いや語り方も異なる可能性が出てきます。ある1つの場面で互いに対立したり融和したりしながら存在する人々の多様なことば遣いや語り方を扱うときに有用なのが「ジャンル」(genre)という概念です。

　「ジャンル」とは、日本語や英語といった言語の内部にあることば遣いの多様性を表すための概念です。ジャンルということばは昔からあり、音楽や映画などの芸術作品をそのテーマや内容、形式にしたがってグループ分けすることを指してきました。ことば遣いも同様で、法廷のことば、学校のことば、ののしりことばといったように、「形式、内容、目的、社会的行為という点で繰り返し現れる談話のタイプや種類」(Garzone, 2015, p.677)に分けることができます。

　ジャンルという概念が重要なのは、現実場面において見られる対立や衝突、冗談や皮肉といった社会的現象にせまることができるためです。例11-5の会話が起きた授業には、教師が主導する「授業のジャンル」のことばと、2人の児童による「遊びのジャンル」のことばが並存していました。これらが同時に生起したとき、私たち大人は後者の会話に、教師や学校的なものに対する「抵抗」を聞き取ってしまうでしょう。休み時間や放課後であれば、例11-5のような会話は特に問題にもされないはずです。

　ここから分かるのは、ジャンルそのものが社会的な意味を担っているのではなく、複数のジャンルの置かれた配置関係を通して私たちはそこに意味を見いだしているということです(バフチン, 1995)。あるジャンルのことばが会話の中に置かれた位置によって、典型的なインタビュー的なやりとりが友だち同士の冗談になったり(大津, 2007)、授業に来たゲストへのインタビューの報告が学校的な評価の対象となったりするのです(榎本, 2014)。

こうした考え方はロシアの思想家ミハイル・バフチンに由来するものです（詳細は、クラーク・ホルクイスト(1990)などを参照）。おおざっぱすぎるという批判を承知で彼の思想の一端をまとめると、次のようになります。私たちの用いる言語(例えば日本語)には、社会・歴史的に形成されたさまざまなことばのジャンルがあります。あるジャンルに含まれることばはそれが用いられる特有の状況や目的的活動に強く結びついています。したがって、あることばを用いることにより、それが属するジャンルと結びついた状況や活動を連想させることができますし、それ以前またはそれ以後の会話の流れをその連想を通して意味づけることができます。いわば、ジャンルをリソースとして用いることができるのです(第7章を参照)。

しかしそれだけだと、私たちはかつて形成されたジャンルにしばられていることになります。そうではなく、具体的な会話の流れの中で発話することにより、固有の、一度きりのニュアンスをそこにこめることができるのです。バフチン(1989)によれば、私たちが用いることばは必然的に、すでに発せられた誰かのことばへの応答であると同時に、誰かへと差し向けられたことばでもあります。言い換えると、話し手が発話に意味をもたせることは、そのときの話し相手や、そのことばのジャンルと歴史的に結びついた状況の手助けを借りて初めて可能となるのです。授業中に児童の言う「おしりとこはんとう」(例11-5、6行目)が「授業への非参加」や「学校への抵抗」のように聞こえるのは、それが教師の発問への応答であり、授業のことばというジャンルから外れたものだからだと言えます。しかし、その発話は実際の話し相手である他の児童に向けられたものであり、笑いを起こすという肯定的反応を期待してのものだとも言えます。たった1つの発話ですが、それは社会・歴史的に形成されたジャンルを志向するという意味で現下の会話を超えたものですし、目の前の話し相手を志向するものでもあります。

発話の中に潜むこうした複雑な関係性に注目することで、学校の授業における発話の状況的で具体的な意味にせまることができるようになります(もちろん、授業以外の社会的場面も同様のアプローチで分析できるでしょう

が、ここではそこまで踏み込まないこととします)。

3　学級集団内の立ち位置の調整

　最後に、授業中の会話のさらなる複雑さについて検討します。その複雑さは授業が学級集団の中での会話として行われることに由来するものです。
　ここまでの2つの節では、授業のことばと遊びのことばの衝突によって、ある児童の発話が「授業への不参加」として聞こえることを指摘してきました。一方、授業への参加と感じられるにもかかわらず、どことなくその流れに合わない児童の発話もあります。次に挙げる例12-3は、小学5年生のある学級における「日本の水産業」という単元中の「ハマチの養殖」に関する社会科の授業が行われた際の会話です(藤江, 1999)。「育てたハマチを出荷する際に養殖に携わった人が心配することは何か」という教師の発問に続いた会話の一部を切り出してみましょう。

例12-3　作った意味が／犯罪っていうか
1　教師：えっと、食べられるかどうかっていうのはね、どういうことなの？
2　園田：腐ってる。
3　教師：腐ってたら困る。腐ったら、食べられないことは？
4　矢野：なんか、毒っつうか、食中毒っつうか。
5　教師：起こしてたら、どうなるの？
6　原田：死ぬ。
7　教師：誰が？
8　矢野：オレ。
9　児童：人間。
10　矢野：食べた人が。
11　原田：終わっちゃうの。人生。

12　教師：ってことは、この育てた人たちにとってはどうなるの？
13　園田：作った意味が……。
14　児童：楽しい。
15　矢野：あれ、犯罪っていうか。
16　教師：作った意味がない。
（後略）

（藤江（1999, p.129）より。引用に際して
行番号を付して、表記を一部改めた。）

　例12-3における2人の児童（園田と矢野）の発話は、どちらも教師の発問に対する返答であり、一見するとどちらも授業を進めるという実践に参加しているように見えます。実際に、授業中の発話数の多さが際だつ2人でした。ただ、園田の発話は教師の期待する流れに沿ったものであるように感じられるのに対して、矢野の発話は「死ぬ」などの表現に見られるように突拍子のない角度から発せられたもののように感じられます。藤江（1999）は、この学級の日常生活のエピソードや教師へのインタビュー内容をふまえ、教師と園田・矢野の関係だけでなく、その周囲にいる児童たちと2人の関係性も合わせて考えることにより、ここでの発話の機能をよりよく理解できるようになることを指摘しています。そこで示されたことを簡単に挙げると、この2人はこの学級内にある男児のどの下位集団にも所属しておらず、集団内の立ち位置が不安定であったこと、矢野は他児からどう思われようとかまわずに自分の考えを表現したいという欲求があること、園田は高い知的好奇心をもつものの、それに対応できる他児が学級内にいないということでした。
　これらを総合すると、授業中の教師の発問に対して園田が真摯に反応しているのは、園田の視点からすると自分の知的欲求を満たせる唯一の存在である教師との関係性を形成することを目指していると考えられます。しかしそれは同時に、学級内の他児との関係性を「構築しない」という活動でもある

のです。一方、矢野の視点からすると、教師の発問や他児の発言に触発された自分の考え方を表現したいという欲求を満たそうとしていたと考えられます。同時に、彼の発話は他児の意見を否定するなどの仲間関係を損なうようなものではなかったことにも注意すべきです。

要するに、園田や矢野の発話は教師の発問へのストレートな返答であるという意味で確かに授業という活動に参加していたのですが、それと同時に、学級内の他児との関係性を調整するという活動へも参加していたと考えられるのです。

同様の事例は、高校生の授業中の発話にも見られます。例 12-4 は、とある公立高校の英会話の授業において、新しく来た ALT（外国語指導助手）に対する質問をグループで考えるという活動に参加している女子生徒の会話です。

例 12-4　今後大変じゃん

（前略）
M：　　　これじゃなくて、やめよ。ちょっとなんか…
Hacchi：何にする？
M：　　　なんか、ふつう、まじめなことにしようよ。「ウチら秀才」みたいな感じで。
S：　　　今後大変じゃん。
（後略）

（榎本（2012, p.26）より。）

学級内の他の生徒の前で投げかける ALT への質問を考えるプロセスで、この生徒たちは、その学習活動に照らして適切な行為（グループ活動）を取っていました。ただ、その質問内容を考えることはまた別種の活動であったことが指摘されています（榎本，2012）。それ以前に来ていた ALT への質問との関係、新しく来た ALT との今後の関係性、日本人英語教師のふるまいな

ど、多数の要素を考慮しながら、生徒たちはもっともふさわしい質問とは何かを探る活動をしていたのです。考慮すべき要素の1つが、学級集団内のグループの立ち位置を調整することでした。そのことは、例12-4のMやSの発言から見て取れます。特に、「ウチら秀才」という発話は、質問次第で集団内の学業的順位を調整できると生徒が自覚していることを示しています。Sはそれに対して、「(ヘタに学業的順位が変化したら、学級内の自分たちの立ち位置が)今後大変」になると述べているように聞こえます。これらの発話は、学級内における自分たちの立ち位置と質問の内容が関連をもつと生徒たちが自覚していたことを明確に示していたと言えるでしょう。

　子どもは幼稚園から小学校、さらには中学高校と、学校という社会へ参加します。その中で、11章で見たようにアカデミック・ディスコースへの社会化を果たしていくわけですが、子どもたちの発話をつぶさにながめると、そこには同時に、授業以外の多様な活動への参加を志向する態度も見えるのです。そこには、「子どもを成長させること」を目的とする活動、「評価する／されること」を目的とする活動、「学級内集団の中の立ち位置を調整すること」を目的とする活動などがありました。改めて言えば、学校や授業とは、複数の活動が層を成している多層的な場であり(榎本, 2012)、子どもはそのときどきで関わり方を変えながらも複数の活動に同時に参加しているのです。そうした同時的な参加の仕方は、たった1つのことばの中にも透けて見えるのです。バフチンのアイディアを借りれば、授業中の子どもの発話は目の前の教師やクラスメイトへの応答であると同時に、自分がそのときどきで関与する多種多様な活動への応答でもあるのです。

文献

バフチン、M.M. 桑野隆(訳)(1989). マルクス主義と言語哲学──言語学における社会学的方法の基本的問題── 未來社

バフチン、M.M. 望月哲男・鈴木淳一(訳)(1995). ドストエフスキーの詩学　筑摩書房

クラーク、K.・ホルクイスト、M. 川端香男里・鈴木晶(訳)(1990). ミハイール・バフチーンの世界　せりか書房

榎本剛士(2012). 多層的相互行為としての「ボーナス・クエスチョン」―教室におけるメタ語用的言語使用という視点から―　社会言語科学, *14*(2), 17-30.

榎本剛士(2014). 行為の中の「英会話」―間ディスコース性が織りなす教室の多重的時空間―　異文化コミュニケーション論集, *12*, 85-102.

藤江康彦(1999). 一斉授業における子どもの発話スタイル―小学5年の社会科授業における教室談話の質的分析―　発達心理学研究, *10*, 125-135.

Garzone, G. E. (2015). Genre analysis. In K. Tracy (Ed.), *The international encyclopedia of language and social interaction, Vol. 2.* (pp.677-693). Oxford, UK: Wiley-Blackwell.

古賀正義(2004). 構築主義的エスノグラフィーによる学校臨床研究の可能性―調査方法論の検討を中心に―　教育社会学研究, *74*, 39-57.

松浦加奈子(2015). 授業秩序はどのように組織されるのか―児童間の発話管理に着目して―　教育社会学研究, *96*, 216-239.

大久保智生(2010). 青年の学校適応に関する研究―関係論的アプローチによる検討―　ナカニシヤ出版

大津友美(2007). 会話における冗談のコミュニケーション特徴―スタイルシフトによる冗談の場合―　社会言語科学, *10*(1), 45-55.

ウィリス、P. 熊沢誠・山田潤(訳)(1985/1996). ハマータウンの野郎ども―学校への反抗労働への順応―　筑摩書房

13章　2つのことばの真ん中で
～バイリンガルとコードスイッチング

1　2つの言語を同時に学ぶ

　四歳の私は、世界には二つのことばがあると思っていた。ひとつは、おうちの中だけで喋ることば。もうひとつが、おうちの外でも通じることば。ところが、外でつかうほうのことばが、母はあんまりじょうずではない。
――だからママが困っていたらきみが助けてあげるんだぞ。
　幼稚園で仲良しだったユウちゃんのお母さんが「琴子ちゃんのお母さんは日本語がじょうずね」と褒めたとき、「おばちゃんのほうがずっとじょうずよ」と応えて私は大人たちを可笑しがらせた。「まあ、それはどうもありがとう！」ユウちゃんのお母さんが頭を撫でてくれる。私はユウちゃんのお母さんが日本人だとは思いもしなかった。あの頃の私は、だれにとっても父親は日本人で母親は台湾人なのだと思っていた。両親のどちらかが日本人ではないことのほうが、この国では少々めずらしいのだとは知らなかったのだ。
　　　　（温又柔（2017）『真ん中の子どもたち』（集英社）pp.5-6 より。）

　小説『真ん中の子どもたち』の主人公、天原琴子は、日本人の父と台湾人の母の間に生まれ、両方の親のことばを聞きながら日本で育ちました。
　本章および続く第14章では、複数の言語が用いられる多言語併用環境で

育った琴子のような子どものことばの社会化過程を検討していきます。発達の時期で区分すると、本章では乳幼児期から児童期の、次章は児童期から思春期の子どもを中心に述べます。ただし、いずれの章のトピックも生涯にわたって関係してくることがらです。

多言語併用環境では、複数の言語を操ることのできる人は珍しくありません。ここでは、2つの言語を理解し、実際に使用することができる人にしぼってみましょう。そういう人は「バイリンガル」と呼ばれます。バイリンガルは、2つの言語の習得の時期に応じて、「同時バイリンガル」(simultaneous bilingual)と「継続バイリンガル」(sequential bilingual)に区別できます。それぞれ、生まれた頃から2言語に触れていたために両方を習得した人と、第一言語と第二言語の習得の時期に開きがある人を指します。同時バイリンガルは、2つの言語のどちらも第一言語として習得するため、その発達過程を特に「第一言語としての2言語習得」(bilingual first language acquisition; BFLA)と呼ぶことがあります(De Houwer, 1990)。言語的能力やことばの社会化に関する従来の研究の多くは同時バイリンガルをほとんど考慮してきませんでしたので、BFLAに注目することで今後さまざまな知見がもたらされると考えられます。

ただ、多言語併用環境で育つすべての子どもがバイリンガルになるとは限りません。1つの言語をもっぱら用いていて、そうでない言語は話すこともままならない場合もあるのです。例えば、上述の小説に登場する琴子は、母親の言語を学びに上海の語学学校に留学しました。「母語」をあらためて学び直す必要があったのです。

同じ多言語併用環境で育つのに、バイリンガルもいれば、そうでない人もいるのはなぜでしょう。ヒントは、幼い頃の自分についての琴子の回想にあります。彼女にとって台湾の中国語は「おうちの中だけで喋ることば」、日本語は「おうちの外でも通じることば」でした。子どもにとって、ことばは使用環境と密接に結びついています。ということは、生活環境が家庭からその外へと広がるにつれて、子どもの接する複数の言語の間に、機能や価値の

差が生じてくる可能性があるのです。

　本章の以下の節では、2つのトピックを取り上げます。1つ目が、複数の言語を用いる家族、または複数の言語が用いられる地域で暮らす家族における、子どもに向けたコミュニケーションについてです。2つ目が、子どもが自発的に話し相手や場面に応じてことばを切り替えること、すなわちコードスイッチングです。これらを通じて、多言語併用環境で暮らす子どもにとって、複数の言語にさらされることやそれらを使うことの意義について考えてみましょう。

2　多言語併用環境でのCDC

　まず、多言語併用環境で暮らす子どもに対するコミュニケーションの仕方、すなわちCDC(第2章参照)についてです。

　多言語併用環境とひとことで言っても、そこには膨大な多様性があります。山本(2007)の整理によると、まずは家族のメンバー間で母語(第一言語)が一致する場合(母語一致家族)と一致しない場合(母語不一致家族)が考えられます。さらに、その家族が暮らす社会の中で主要な言語と家族が主に用いる言語が一致する場合(主流派言語家族)とそうでない場合(非主流派言語家族)があります。家族のメンバー各々が2つ以上の異なる言語を用いる場合もあり、実態はより複雑なのは言うまでもありません。いずれにせよ、多言語併用環境に暮らす人々が経験する出来事を理解するにはとりあえず必要な概念的整理です。例えば、『真ん中の子どもたち』の琴子の家族は、母語不一致・主流派言語家族と言えます。また、日本人家族が転勤で海外で暮らすようになった場合など、家族の母語が一致していても、家庭外の社会全体からするとその言語が非主流派である場合、メンバーは生活のために主流言語を覚える必要性にせまられます。こうした母語一致・非主流派言語家族も、多言語併用を余儀なくされます。

　多言語併用環境で暮らす家族が常に直面するのは、何語を用いるのかとい

う問題です。母語不一致家族の場合、養育者は子どもに対して何語で話しかけるか、または、子どもに何語話者になってもらいたいかという問題に関して、なんらかの方針をもっていることが多いようです。しばしば指摘されるのは、養育者がそれぞれ別の言語で子どもに話しかけるという方針です。「1人1言語」(one-person one-language)あるいは「1親1言語」アプローチ(one-parent one-language approach)と呼ばれます(Döpke, 1992; Grosjean, 1982)。以下、英語の頭文字を取ってOPOLと略します。例えば、英語話者の父親と日本語話者の母親のいる家庭において、子どもに対して父親は英語で、母親は日本語で一貫して話しかけようとするやり方がOPOLです。

　もちろん、OPOLが自然なかたちだと言うわけではなく、そこには養育者の考え方や価値観、家族の置かれた状況が反映されています。例えば、日本で暮らす、日本人とフィリピン人の夫婦の中には、2人とも日本語を用いて日常的に子どもに話しかける人々がいます(Yamamoto, 2005)。こうしたケースのように、OPOLが選ばれない背景には、社会の中での家族の母語の位置づけや、それについての家族のとらえ方があると考えられます。

　反対に、OPOLが採用される背景の1つとして、子どもをバイリンガルとして育てたいという養育者の希望があるでしょう。実際に、養育者がそれぞれの言語を根気強く使い続けたり、それぞれの言語習得のための豊かなリソースを提供し続けたりすると、子どもは2〜3歳頃には両方の言語を使えるようになるようです(李, 2011; Takeuchi, 2006)。

　しかし、逆に、乳児期には両方の言語を使っていた子どもが、2〜3歳頃にどちらかの言語だけを用いるようになることもあります(Köppe & Meisel, 1995)。その要因には、養育者が子どもに話しかける際に選ぶ言語と、それに子どもが返す言語の間には、一貫性がないことがあります(Mishina-Mori, 2011)。つまり、言語Aで話しかけたからといって、必ずしも子どもは言語Aで答えるわけではなく、言語Bを用いる場合も、あるいは言語AとBを混ぜて用いる場合もあるのです。どちらの場合でも、言語Aを用いる養育者はOPOLの原理を崩すか維持するかの選択をせまられます。現実には、

養育者が子どもとは異なる言語で子どもに話しかけ続けることは非常に困難なのです。

Lanza(1992)は、養育者の期待とは異なる言語で話す子どもに対する養育者の反応によって、その後に続く子どもの言語行動のパターンが変化しうることを指摘しました。極端な反応は、子どもの選んだ言語が養育者の期待に反する場合、「え？」「何て言ってるの？」と、聞こえたことは表示しつつ、分からない「ふり」をするというものです。子どもは養育者にも分かる言語に切り替えざるをえません。もう一方の極端な反応は、養育者が子どもの使う言語に合わせてしまうというものです。これならば子どもは自分の選んだ言語を使い続けやすいでしょう。

Lanza(1992)は、養育者の期待しない言語で話す子どもに対する反応のカテゴリーとして、これらの両極端の間にさらに3つのパターンを配置した枠組みを提案しています。例13-1は、英語を日常的に用いるアメリカの地域で暮らす3歳の男児ケンと、日本語を母語とする母親との会話です（母親は英語も堪能ですが、父親は英語母語話者で、日本語は分かりません）。ケンはおもちゃのトラックを指差しています。

例13-1　broken、あ、そお？

1　ケン：broken
2　母：　あ、そお？
3　母：　だいじょうぶみたい
4　ケン：what?
5　母：　こわれてないよ
6　ケン：broken!
7　ケン：うん、ここ

(Mishina-Mori(2011, pp.3133-3135)より。原文は英語とローマ字表記。引用に際して日本語表記に改めた。)

例 13-1 の 2、3 行目や 5 行目に見られる母親の反応は、ムーブオン（move on）と呼ばれるパターンです（Lanza, 1992）。母親は一貫してケンとは異なる言語を用いていたものの、会話としては破綻無くつながっています。ケンにとっては、少なくとも自分のことばが通じていることが理解できるやりとりになっているのです。これならば、子どもは引き続き英語を選びたがるでしょう。実際に、幼児期を通してケンは母親に対し英語と日本語を混ぜて話しかける状態が続いたようです。また、ケンの家族のようなシチュエーションにおいて、子どもが英語で話しかけてきたときに日本語話者の親の反応として最も多かったのがムーブオンだったという資料もあります（Kasuya, 1998）。

おそらく、養育者にとって困難なのは、会話のための道具としての言語それ自体を自覚的にコミュニケーションの話題にし続けることなのだと思われます。ふつう私たちは、何か言いたいことがあるからことばを使うのであり、ことばについて何か言いたいわけではありません。相手のことば遣いを話題にし始めたら、会話は続かなくなってしまうでしょう。期待する言語へと言い直させ続けるという試みは、子どもだけでなく養育者にとっても精神的に負担のある経験のようです（李, 2011）。養育者が OPOL を決断しても、子どもが必ずしもバイリンガルにならないのは、このあたりにも理由がありそうです。

3　子どものコードスイッチング

前節では多言語併用環境における養育者の態度や行動について述べましたが、次に、子どもの言語行動に目を向けましょう。

ここで注目したいのは、1 つの発話や一連の会話の中で、2 つ以上の言語を切り替える行動です。専門的には「コードスイッチング」（code switching；以下 CS）と呼ばれます。この概念を提唱した社会言語学者のジョン・ガンパーズは、ある地域に暮らす人が、標準語と地域特有の方言と

を会話の中で併用する現象に注目し、話し手がそれらの言語（コード）を切り替える（スイッチング）ことは意味のある社会的行動だと指摘しました（Blom & Gumperz, 1972; Gumperz, 1982）。現在、この概念は社会や文化と会話との密接な結びつきを理解するための中心的な概念の1つになっています。

多言語併用環境の子どももしばしば複数の言語を会話の中で混ぜて用いますが、これは誤用や未熟さの現れではなく、CSという観点から見るとなんらかの機能をもったものとして捉えられます。ここではバイリンガルの幼児や児童の発話に見られる3つのタイプを取り上げましょう。

1つ目のタイプは話し相手に応じた言語の使い分けです。前節の例13–1の最後の7行目において、ケンが英語から日本語へと切り替えたのは、一貫して日本語を使う母親に合わせたものと解釈できるでしょう。養育者がOPOLを維持した結果、養育者に対して用いる言語を子どもがすっぱりと切り分けるようになった事例も報告されています（李, 2011）。ただし、2～3歳頃までは言語選択をして会話をしていた子どもが、それ以降はどちらか一方の言語だけを話すようになることもしばしば起こります。その背景には、子どもが家庭外の保育所や幼稚園、学校などの生活環境で暮らすようになるという変化があるようです（Takeuchi, 2006）。すなわち、家族以外の教師や友だちなど日常的に交流する相手が使用する言語や、テレビやゲームなどの子どもの関心事で使われる言語が、多言語併用環境下の子どもの主要な使用言語となるのです。いずれにせよ、どちらの場合も話し相手に合わせて適切な言語を選択するというある種の社会化の結果と考えられます。

2つ目のタイプは、文字通りの意味を越えたニュアンスや発話内容に対する態度などをCSを通して表現する、語用論的な機能を果たすものです。Fotos（1992）は、東京に住み、インターナショナルスクールに通う、11歳の姉と7歳の弟の2組のきょうだいによる、遊び場面での会話でのCSを収集しました。4人とも日英バイリンガルなので、聞き手に応じて言語を切り替える必要はありませんが、日→英、英→日のどちらのCSも同じくらいの頻度で起きていました。彼女はそれらのCSを検討し、以下の7種類の語用論

的機能を見出しています(以下の機能名と説明、および発話例は Fotos (1992)より)。

① 話題に依存した CS(indicating topics)：慣習的に特定の言語で表現される語句を話すときに起こるもの。例「this bracelet was for 三百円」
② 強調(emphasis)：重要な語句を別の言語で繰り返して強調するもの。例「this hammer was in the hand like this こういうふうに」
③ 明確化(clarification)：CS の起こる前の発話を明確にするもの。例「they were really fake/but they were exactlly like Reeboks. 本物みたい、絶対に本物にみている」
④ 談話のフレーミング(frame discourse)：発話に区切りをつけ、聞き手の注意をメッセージに向けようとするもの。例「I saw Moonwalker、Moonwalker was so weired/ だよ」
⑤ 事実と感情の切り分け(separate feelings from facts)：客観的なことがらと主観的なことがらを差別化するもの。例「I wanted it、そして／そしたら／買った」
⑥ 引用(reported speech)：発話をオリジナルの言語で引用するもの。例「and then he said、"どしたの？"」
⑦ 特定の語句の強調(emphasize or dramatize a single term)：発話内の特定の語句を強調するもの。例「my day was awful、ぼくの day は awful だったのね」

これらの機能のうちいくつかは子どもの言語使用に特有ではなく、成人の日英バイリンガルの発話にも見られるものです(Nishimura, 1997)。ただ、Fotos(1992)が指摘するように、成人バイリンガルの会話にはあまり見られない CS の機能(⑦特定の語句の強調)もあり、それがなぜ子どもの時期に見られるのかはさらなる検討が必要でしょう。

3つ目のタイプは少し複雑です。それは、特定の言語に付随する文化的な

ことがらや、その言語を使用する社会集団や特定の人物に対する話者の態度などをほのめかすというもので、「隠喩的CS」(metaphorical CS; Gumperz, 1982)と呼ばれます。以下の例13–2に登場するのは、いずれも幼児期に家族とともに来日したパキスタン人の中学生で、ウルドゥー語と日本語のバイリンガルです(山下, 2016)。この子どもたちが普段使うのは日本語で、ウルドゥー語は年長者と会話する際に用いられることが多いようです。このとき、ウルドゥー語は子どもにとって母語と呼びうる言語ですが、同時に、身近にいる上の世代の人々の姿をほのめかすものにもなるのです。例13–2で話題とされていたのは、イスラム教徒である自分たちの宗教戒律に反しない給食を作るように学校に伝えてほしいと父親に頼んだら断られたというエピソードです。

例13–2　間違えていれちゃうかもしれないって

(前略)
08　ジャミ：だからうちらも言えば絶対作ってくれるって
09　　　　　［肉抜きなんて簡単
10　カリム：　［だからお父さんが］間違えていれちゃうかもしれないって
11　ジャミラ：なあにちゃんと［いえばさー］
12　カリム：　［おれ言っ］たよお父さんに今日車で。
13　　　　　ずっと言い続けたよ。
(中略)
15　カリム：　そしたら、そしたらー、
16　　　　　vo galat b'ii se ##### saktee haiN とかさあ
　　　　　　(それ・その人は ##### を間違う可能性もある)
(後略)

　　　　　　(山下(2016, p.211)より。#は聞き取り不能箇所を示す。)

　カリムは10行目と16行目で、それぞれ日本語とウルドゥー語で同じ内

容を話しています。16行目の発話で起きたCSは引用であるとともに、繰り返しによる強調という機能を果たすと考えられます。しかしここでは別の観点から解釈することもできるでしょう。カリムが引用したのはウルドゥー語の発話ですが、なにより父親のことばでした。そこにカリムがほのめかしたのは、事実を正しく伝える真正性（山下, 2016）だったと考えられます。つまり、日本語で同じことを言うよりもより迫真さが高まるわけです。

　もしかすると、ウルドゥー語とその話者である父親とが結びつくことによって、そこに権威性のようなものが生じているのかもしれません。実際、中国や韓国にルーツをもち、日本で暮らす、日中あるいは日韓バイリンガルの児童生徒に尋ねると、中国語や韓国語は祖父母世代と話すときに多く用いる言語であり、くだけた日常会話の言語というよりも、あらたまった公的場面で用いる言語という印象があるようです（生越, 2014；薛・陳, 2012）。このような場合、非主流言語へのCSには、自分よりも上の世代やその人々に付随するさまざまな文化的なことがらへの態度が反映されると考えてよいでしょう。このように、ことばの社会化という観点からすると、子どもが暮らす社会の中で複数の言語やそれらと結びついた文化がどのように位置づけられているのかという論点は欠かすことはできません。

文献

Blom, J., & Gumperz, J.(1972). Social meaning in linguistic structure: Code-switching in Norway. In J. Gumperz & D. Hymes(Eds.), *Directions in sociolinguistics: The ethnography* (pp.407–434). New York: Holt, Rinehart & Winston.

De Houwer, A.(1990). *The acquisition of two languages from birth: A case study*. Cambridge: Cambridge University Press.

Döpke, S.(1992). *One parent one language: An interactional approach*. Philadelphia: John Benjamins.

Fotos, S. S.(1992). Japanese-English conversational codeswitching in balanced and limited proficiency bilinguals. *Japan Journal of Multilingualism and Multiculturalism, 1*, 2–16.

Grosjean, F.(1982). *Life with two languages: An introduction to bilingualism.* Cambridge, MA: Harvard University Press.

Gumperz, J. J.(1982). *Discourse strategies.* Cambridge: Cambridge University Press.

Kasuya, H.(1998). Determinants of language choice in bilingual children: The role of input. *International Journal of Bilingualism, 2*, 327–346.

Köppe, R., & Meisel, J.(1995). Code-switching in bilingual first language acquisition. In L. Milroy & P. Muysken(Eds.), *One speaker, two languages: Cross-disciplinary perspectives on code-switching*(pp.276–301). Cambridge, UK: Cambridge University Press.

Lanza, E.(1992). Can bilingual two-years-olds code-switch? *Journal of Child Language, 19*, 633–658.

李善雅(2011).同時バイリンガル幼児の言語習得過程に見られる二つの言語の「混合」と「干渉」社会言語科学, *13*(2), 88–96.

Mishina-Mori, S.(2011). A longitudinal analysis of language choice in bilingual children: The role of parental input and interaction. *Journal of Pragmatics, 43*, 3122–3138.

Nishimura, M.(1997). Japanese/English code-switching. New York: Peter Lang.

生越直樹(2014).在日コリアン生徒の属性と使用言語の関係—韓国学校でのアンケート調査をもとにして— 社会言語科学, *17*(1), 4–19.

Takeuchi, M.(2006). The Japanese language development of children through the 'one parent-one language' approach in Melbourne. *Journal of Multilingual and Multicultural Development, 27*, 319–331.

Yamamoto, M.(2005). What makes who choose what languages to whom?: Language use in Japanese-Filipino interlingual families in Japan. *International Journal of Bilingual Education and Bilingualism, 8*, 588–606.

山本雅代(2007).複数の文化と言語が交叉するところ—「異言語間家族学」への一考察— 異文化間教育, *26*, 2–13.

山下里香(2016).在日パキスタン人児童の多言語使用—コードスイッチングとスタイルシフトの研究— ひつじ書房

薛鳴・陳於華(2012).在日中国人子女の言語使用意識とエスニシティ—ある中華学校でのアンケート調査から— 言語と文化, *26*, 31–49.

14章　ことばのあいだに立つ私
～継承語とアイデンティティ

1　ことばとアイデンティティ

　本章では、家庭から学校、そしてより広い社会へと生活の場を拡張させていく、多言語併用環境で育つ子どもたちに焦点を当てます。その過程で起こるのは、複数の言語の間で揺れ動く「わたし」の変容と、様々な社会的カテゴリーと結びついたことばを駆使して他者から見た「わたし」を能動的に提示するふるまい方の習得です。

　思春期から青年期にかけて起こる重要な発達的変化として、「アイデンティティ」の確立が広く知られています。エリク・H・エリクソンが提示した概念であるアイデンティティとは、自分を何者かとして意味づける心のはたらきを指します。アイデンティティは、①過去を受け入れ未来を展望する自分の歴史的一貫性、②仲間関係の中での自分の位置づけ、③大きな社会の中の役割としての自分の位置づけという3つの参照軸で構成されます(鑢, 1990)。言い換えると、アイデンティティとは、変化する社会との関係において個人の生涯発達過程を見る考え方です。

　一般には、青年期に起こる心理的変化と絡めて理解される概念ですが、それまでの発達段階で起こる出来事はアイデンティティの形成に深く関与していますし(鑢, 1990)、さらには、中年期以降の様々な経験を通してアイデ

ンティティは変化し続けるとも考えられています(岡本, 2007)。つまり、アイデンティティの変容という観点から、社会の中の個人の一生涯にわたる心理発達過程を記述することができます。

　自分をある集団へと同一化させるとき、つまり個人がある集団のアイデンティティを形成するとき、ことばは大きな役割を果たします。もちろん、アイデンティティの形成には、生まれもった身体やそのときどきの社会的状況など、ことば以外の要素が寄与するのは言うまでもありません。しかしまた、ことばが重要な要素であることもまた確かなのです。

　日本語や英語を話すこと、方言を話すこと、ある職業や特定のジェンダーと結びついたレジスター(第 2 章を参照)を使うこと、これらはいずれも特定の人に固有なアイデンティティ形成に寄与しています。例えば筆者は、日本の方言である茨城弁を話しますし、仕事場では大学教員らしいやり方で話します。茨城弁は筆者が生まれ育った場所に由来するもの、教員らしい話し方は学生との関係性に基づいて用いられるレジスターです。つまり、生まれ育った地域や職場環境へのことばの社会化と、それらと結びついたアイデンティティの形成過程は密接な関係にあります。

　すると、多言語併用環境において複数の言語とともに育つ子どものアイデンティティは、より複雑な変容過程をたどることが容易に想像できます。生まれた場所と育つ場所が違うとき、それぞれの場所で主に使われる言語が異なるとき、それぞれの場所で多様な人との関係を築くとき、子どもたちは自分をどのように意味づけていくのでしょうか。

2　継承語の発達とアイデンティティ

　家庭の中で用いられる言語が社会の主流派言語とは異なる非主流派言語家族に育った子どもは、学校において多様な問題に直面します。少数派言語を母語とする子どもに対してその言語による教育を制度的に保障するカナダのような国がある一方で(中島, 2016)、あくまでも主流派言語での教育を進

める国も多く、残念なことに今のところ日本もその1つです。

　そうした国に暮らす非主流派言語家族の子どもが、学校という社会に適応するためには、なによりもまず、主流派言語を習得しなければなりません。そうでなければ、教師の指示や学習事項が理解できない上、困ったときに教師に助けを求めることができません。なにより、主流派言語を話す友人との仲間関係を作るには、同じ言語を話すことが不可欠です。

　主流派言語を使えるということ自体が、子どもたちが形成する仲間関係に大きな影響をもちます。例14-1は、ある日本の小学校にブラジルから編入してきた3年生であるパウロとベアトリス、および、通常学級とは別室でそうした子どもたちに日本語指導をする中島先生との間のやりとりです。ブラジルで生まれた2人の母語はポルトガル語です。パウロは日常会話としての日本語は問題ないのですが、ベアトリスは来日したばかりでほとんど理解できません。例14-1の会話の直前では、3人はカードゲームをしていました。負けてしまったパウロはベアトリスに負け惜しみを言います。

例14-1　だってベアトリス漢字ぜんぜん知らないもん

パウロ　　「漢字あるとぼくぜったい勝つ。だってベアトリス漢字ぜんぜん知らないもん。」
[中島先生はパウロの「負け惜しみ」に耳を貸さず、代わりに穏やかに注意する。]
中島先生　「パウロ、ちゃんと片づけて。」
[パウロは反射的に、大声を出して不満を露わにする。]
パウロ　　「なんでベアトリスもしたのにぼくだけ？　片づけしたもん。」
[ますます不愉快なパウロは、黒板にアルファベットを書いて遊んでいるベアトリスを一瞥すると、中島先生と私(引用者注、筆者である森田)に向かって訴える。]
パウロ　　「先生？　ベアトリスばかだよ。ベアトリスばかだよ。」

(森田(2007, p.53)より。)

ベアトリスよりも少しでも優位に立とうとするパウロは、日本語を使う能力の有無を持ち出しています。先生にアピールする際の「ばか」という辛辣なことばは、日本語を理解できないことを指して言っているようにも聞こえます。
　ここから分かるのは、学校のような環境の中で、非主流派言語を母語とする子どもたちが、主流派言語を用いることへの強い圧力を受け続けていること、そして子どもたちは主流派言語を使う能力に着目してお互いを評価する場合があることです。こうした状況は、非主流派言語を母語とする子どもたちを主流派言語使用へと駆りたてるのに十分でしょう。
　すると、非主流言語家族の子どもにとって価値のある言語が、母語ではなく主流派言語へとシフトします。しかも子どもにとってその言語は単に価値があるだけでなく、母語よりもうまく使えるものにもなる場合があります（Fillmore, 1991）。
　言語教育学や社会言語学では、「家庭の中で受け継がれ、そこで用いられる言語で、その外の社会では主流言語ではないもの」(He, 2011, p.587)を「継承語」(heritage language)と呼びます。つまり、非主流派言語家族の子どもにとっての母語が継承語です。例14–1に登場するパウロの場合、ポルトガル語が主流派言語であるブラジルに住み続けていたら母語は母語のままだったでしょう。しかし、日本に移住したことでそれが継承語となったのです。
　中島(2016)によれば、継承語には5つの特徴があります。すなわち、①主流言語に押されて十分な発達が起こらず、②親子間のコミュニケーションに必要で（親が現地の主流語ができない場合は特に）、③家庭や民族コミュニティでしか通じず、④主流言語の習得の土台となり、⑤失うと情緒不安定になり、家庭での疎外感やアイデンティティの揺れを感じるものです(p.33)。
　これらのうち、アイデンティティと継承語の関係に注目してみましょう。自分の帰属する国や民族は何かという感覚（民族アイデンティティと呼ばれます）は、その人が主に使う言語によってときに大きく左右されます。民族アイデンティティが強いほど、継承語の熟達度が高いことも指摘されていま

す(Tse, 2000)。例 14-2 は、オーストラリア人の父と日本人の母をもち、オーストラリア在住の 18 歳の男性が継承語としての日本語を習う理由についての語りです。そこに語られていたのは、「血」ということばで表現された自分のルーツと、継承語学習がそれに動機づけられていることでした。

例 14-2　日本の血が流れています
日本語を勉強する目的は、文化をもっとよく知ることと、日本語のコミュニケーションスキルを向上させることです。私の母親は日本人で、この体の中には日本の血が流れていますから…

（Kurata(2015, p.122)より。日本語訳は筆者による。）

　逆に、継承語がある程度の発達をみせているからこそ、その民族への同一化が起こるという方向性もあるでしょう。継承語の発達と維持は家庭だけでは難しいため、学校の放課後や週末などに開かれている継承語補習校が欠かせません。民族アイデンティティの形成という点でもそうした補習校の重要な役割が指摘されています(知念・タッカー, 2006)。さらに、養育者によっては早くから子どもを補習校に通わせることが当然の選択となっている場合もあります(渋谷, 2010)。
　しかし、当の子どもにとって補習校に通うことは「当然」の選択ではありません。例 14-3 は、ドイツの日本語補習校に通う小学 2 年生の男の子がもらす不満と、それに対応する母親のやりとりについて母親自身が書き残した日誌の一部です。

例 14-3　どうしてぼくはドイツの学校と補習校と 2 つも行かなくちゃいけないの？
小 2 の 2 学期開始直後(現地校の小 2 進級時)から補習校の宿題をいやがるようになる
日誌記録⑥　補習校の宿題を嫌がる［補習校小 2 (2010 年 9 月 23 日)
　現地校の宿題(私のチェックも含め)が終わると　—中略—　私と補習校の

どの宿題をするか決めるわけですが、その度にゆうきは「今日、補習校の宿題しなくていい？　明日するから。」「どうしてぼくはドイツの学校と補習校と2つも行かなくちゃいけないの？」「ぼくこんなにがんばっているのに…」「毎日毎日、ぼく大変だよ。」と不満を言います。補習校の2学期が始まって以来、ほぼ毎日このような問答がありました(10月第2週まで続く)。ほぼ1時間かけて、ゆうきの上のような問いに対して、「なぜ日本語を勉強するのか」「なぜ補習校に行っているのか」を私が説得します。毎日、この繰り返しなので、両方の宿題が終わった頃には、ゆうきも私も精神的にくたくたになっていました。

（柴田・ビアルケ・高橋・池上(2012, p.117)より。）

　例14-3から分かるように、通常の学校のほかに、補習校に通い続けること、そこで継承語を学び続けることには強い動機が必要だと思われます。しかし、確固とした民族アイデンティティが確立されていない時期の子どもにとって、その動機を維持することは難しいのでしょう。継承語の発達とは、1つの言語を学ぶという単純な事態なのではなく、日常の折々で起こる家族との葛藤や家庭外の人々とのつながりを経た上で起こる、きわめて複雑な出来事なのです。

3　交渉され続けるアイデンティティ

　ここまではアイデンティティを、継承語を勉強するなど具体的な行為の「原因」となる、個人が内面にもつ意識として描いてきました。
　ただ、近年では、具体的な場面での実践的行為における会話を通して「達成されるもの」がアイデンティティだと論じられる傾向も強くなっています（例えば、Antaki & Widdicombe, 1998; Bucholtz & Hall, 2004; He, 2011)。ハインリッヒと石部(2016)は、ことばとアイデンティティの関係について、「自己化と他者化の過程で社会的および言語的カテゴリーはどのように用い

られ、またそれによりそうしたカテゴリーはどのように(再)生産されるのか」(p.9)という問いを立てるように提案しています。自己化と他者化とは、すなわち何者か(を示すカテゴリー)と自分との同一性と差異性を際だたせることで、それはことばによってなされるというのです。この立場からすると、例えば民族アイデンティティとは、個人にしっかりと固定されたものというよりも、他者との言語的な交渉の過程において浮かび上がってくるものだと言えます。それは、会話の中で自分を何者として表現するかをめぐる交渉です。

例14-4 は、とある英語圏の国において日本語補習校の教師 A(日本人、女性)とその息子 B(現地生まれ)の2人を相手にしたインタビューの一部です(C はインタビュアー)。このインタビューで B は、常に英語を使い続けました。このこと自体は、A と C が英語を解したため大きな問題になっていません。しかしここで注目されるのが、B が継承語である日本語を使わず(実際、A は B について「日本語しか通じないと日本語喋る」と言います)、主流言語である英語を使い続けたということです。

例14-4　恥ずかしいっていうのかな

C：どっちにしても大丈夫でしょう？　どっちにしても大丈夫なんじゃないですか？　たぶん、あのー、［間］なんか、喋ろうと思ったら喋るんでしょう。けど、［間］まわりの人が英語で喋ってたら英語で喋るっていう感じじゃないかしら。

A：ああ。［笑］日本語しか通じないところではどうしてもね。

C：［笑］

B：What? What?

A：日本語しか通じないと日本語喋るんだけど。英語が通じると思うとだめ。

B：What?

C：That's a matter of confidence.

B：Ah.

C：And also I do believe you speak Japanese.

B：Well.［不明］

A：［笑］で、電話は嫌だとかね。

C：［笑］

B：But I think also, uh, it's, uh, I don't want to, like to speak Japanese to people who, the Japanese people who can speak English better than I can speak Japanese. It's basically waste of time.

AとC：［笑］

B：If they can speak English, then we communicate much better. If I speak Japanese, everything needs to slow down. If they don't speak any English, then that's lots more.

C：うん。That makes sense definitely.

A：そのへんの感覚っていうのは複雑だと思うんですよ。だから、［日本の子どもたちに］英会話を教えているときも、ちっちゃい子はけっこう喜んで何でも使いたがるから、英語も言いたがるんですけど、ちょっとこう、中学生ぐらいになってくると、やっぱり恥ずかしいっていうのかな、すごい強いんですよね。

C：うん。たしかにそのほうが効率的ですよね。It's quite practical to save time.［笑］

（渋谷（2006, pp.16–17）より。）

　渋谷（2006）によれば、Bが日本語を使わないことにより、他者であるAやCからこの会話場面での自分をどう扱ってもらうかを交渉していると考えられます。Bが日本語を使うと、家庭で日本語を教えてきたAや日本語ネイティブのインタビュアーCによって、彼の発話が「上手い下手を評価されるもの」へと扱われてしまうことが十分に予想できます。つまり、「日本語話者」というカテゴリーの上位にいる者と劣位にいる者という構造が、会話を通してこの場に生み出されしまう可能性があったのです。そこでB

は日本語を話さないという戦略を採用したと解釈できます。これにより、会話の中での自分のアイデンティティを「日本語の話せない日本人」などではなく、AやCと「対等につきあう者」として構築できていたのです。

　多言語併用環境で育った子どもは、複数の言語をただ使えるというよりも、具体的な会話の状況で、それらの言語を戦略的なリソースとして用いているのです。それにより、あるときには「日本人」などのカテゴリーへの同一化を果たし、またあるときには「言語能力のない者」などのカテゴリーからの差別化を達成しようとしています。アイデンティティをこのように流動的で構成的な過程として見ることは、ある人が様々な状況で継承語をどのように用いているのか（あるいは、用いないのか）を分析する上でおおいに有効でしょう。

文献

Antaki, C., & Widdicombe, S. (Eds.) (1998). *Identities in talk*. London: Sage.

Bucholtz, M., & Hall, K. (2004). Language and identity. In A. Duranti (Ed.), *A companion to linguistic anthropology* (pp.369–394). Malden, MA: Blackwell.

知念聖美・タッカー、リチャード G. (2006). 米国における継承日本語習得—エスニックアイデンティティーと補習授業校との関係— 母語・継承語・バイリンガル教育（MHB）研究, *2*, 82–104.

Fillmore, L. W. (1991). When learning a second language means losing the first. *Early Childhood Research Quarterly*, *6*, 323–346.

ハインリッヒ、パトリック・石部尚登 (2016). 第三の波の社会言語学におけることばとアイデンティティ　ことばと社会：多言語社会研究, *18*, 4–10.

He, A. W. (2011). Heritage language socialization. In A. Duranti, E. Ochs & B. B. Schieffelin (Eds.), *The handbook of language socialization* (pp.587–609). Malden, MA: Wiley-Blackwell.

Kurata, N. (2015). Motivational selves of Japanese heritage speakers in Australia. *Heritage Language Journal*, *12*, 110–131.

松本一子 (2005). 日本国内の母語・継承語教育の現状—マイノリティ自身による実践—

母語・継承語・バイリンガル教育(MHB)研究, *1*, 96-106.

森田京子(2007).子どもたちのアイデンティティー・ポリティックス―ブラジル人のいる小学校のエスノグラフィー―　新曜社

中島和子(2016).完全改訂版　バイリンガル教育の方法―12歳までに親と教師ができること―　アルク

岡本祐子(2007).アイデンティティ生涯発達論の展開　ミネルヴァ書房

柴山真琴・ビアルケ(當山)千咲・高橋登・池上摩希子(2012).独日国際児の現地校・補習校の宿題遂行過程―親子の共同行為という視点から―　異文化間教育, *36*, 105-122.

渋谷真樹(2006).「日本人」であることをめぐる位置取りの政治―異文化間教育調査の相互行為分析―　異文化間教育, *24*, 12-26.

渋谷真樹(2010).国際結婚家庭の日本語継承を支える語り―スイスの日本語学校における長期学習者と母親への聞き取り調査から―　母語・継承語・バイリンガル教育(MHB)研究, *6*, 96-111.

鑪幹八郎(1990).アイデンティティの心理学　講談社

Tse, L. (2000). The effects of ethnic identity formation on bilingual maintenance and development: An analysis of Asian American narratives. *International Journal of Bilingual Education and Bilingualism*, *3*, 185-200.

索引

A-Z

BFLA　120
CDC　14
IRE/F 連鎖　102
OPOL　122

あ

アイデンティティ　131
アカデミック・ディスコース　98

い

育児語　12
いざこざ　70
「1 親 1 言語」アプローチ　122
一次的ことば　93
隠喩的 CS　127

う

うながし　28
埋め込まれた話し手　20

お

思いやり　42

か

会話分析　21
科学的概念　99
書きことば　87
学習言語　100
語り　57
感情語　38

き

既知情報の質問　98

け

敬語　50
継承語　134
継続バイリンガル　120
言語イデオロギー　78
言語獲得　4
言語能力　5

こ

交渉　39
コードスイッチング　121
ゴシップ　81
ことばの社会化論　3
子ども中心　14
子どもに向けたコミュニケーション　14

さ

参与役割　30
参与枠組み　30

し

ジェンダー　78
自称詞　82

指標性　49
社会化　vii, 3
ジャンル　112
順番構成単位　24
順番交替システム　22
順番の移行に適切な場所　24
状況中心　14

す

スタイル　48
スタイルシフト　48
ストーリー　57

せ

生活的概念　99

た

第一言語としての2言語習得　120
代弁　20
多言語併用環境　119

て

定型表現　28
丁寧体　50
手紙　87

と

同時バイリンガル　120
道徳　41

な

仲間入り　68

仲間文化　67
名前　91
ナラティブ　57

に

二次的ことば　93

は

バイリンガル　120

ひ

ピアトーク　67
1人1言語　122
独り言　58

ふ

普通体　50
分離世界仮説　81

ま

マインド-マインデッドネス　15
マザリーズ　12

み

民族アイデンティティ　134

よ

幼児語　12
呼びかけ　29
読み聞かせ　87

り

リテラシー 87
リテラシー・イベント 87
隣接対 22

る

ルーティン 30

れ

レジスター 12

【著者紹介】

伊藤 崇（いとう たかし）

北海道大学大学院教育学研究院准教授。博士（心理学）。
専門は言語発達論、発達心理学。
論文：「幼児による家族内会話への傍参与の協同的達成」（2015年）『認知科学』22(1)
編著書：茂呂雄二・有元典文・青山征彦・伊藤崇・香川秀太・岡部大介（編）『ワードマップ　状況と活動の心理学：コンセプト・方法・実践』（2012年）新曜社

学びのエクササイズ
子どもの発達とことば

Learn and Exercise Series
Child Development and Language Socialization
Ito Takashi

発行	2018年5月15日　初版1刷
定価	1600円+税
著者	©伊藤崇
発行者	松本功
装丁	吉岡透・髙瀬康一（ae）
印刷・製本所	三美印刷株式会社
発行所	株式会社 ひつじ書房
	〒112-0011 東京都文京区千石2-1-2 大和ビル2F
	Tel.03-5319-4916　Fax.03-5319-4917
	郵便振替 00120-8-142852
	toiawase@hituzi.co.jp　http://www.hituzi.co.jp/

ISBN978-4-89476-855-0　C1011

造本には充分注意しておりますが、落丁・乱丁などがございましたら、小社かお買上げ書店にておとりかえいたします。ご意見、ご感想など、小社までお寄せ下されば幸いです。

学びのエクササイズシリーズ
A5判並製

学びのエクササイズ認知言語学
谷口一美著　　定価1,200円＋税

学びのエクササイズことばの科学
加藤重広著　　定価1,200円＋税

学びのエクササイズ日本語文法
天野みどり著　　定価1,200円＋税

学びのエクササイズレトリック
森雄一著　　定価1,400円＋税

学びのエクササイズ文学理論
西田谷洋著　　定価1,400円＋税